O QUE VIM FAZER AQUI?

Por: Frede Arantes

A PROTEÇÃO

1

Eu andava muito pensativo sobre muitas coisas... Coisas estas que me deixaram cada vez mais pensativo o que eu vim fazer aqui. Sou do sexo masculino, tenho 50 anos, sou compositor, músico, produtor, pimtor e escritor. Hoje não vivo mais da música em si, mas ainda faço minhas composições e gosto muito de me expressar pela escrita, posso dizer que nestes 50 anos mais da metade foram bem vividos.

Alguns casamentos, dois filhos assumidos, alguns espalhados por aí, que nem sei quantos.

Hoje tenho dois enteados do meu casamento atual, eu já tenho dois livros publicados.

O primeiro uma autobiografia da minha vida intitulada "memorias recentes da condicional" fala da minha experiência com as drogas, com a banda, etc. acho que ele e um bom livro de autoajuda para a galera que é usuária de drogas.

O segundo um romance ficticio "amor reprimido" Frederico Antônio e Maria Eduarda. Um livro escrito com muito carinho que deu uma repercussão muito legal nas redes sociais, precisei até de ajuda para poder tocar o projeto como eu queria diariamente eu soltava um capítulo do mesmo, e foi muito legal ver a galera curtindo torcendo com as histórias de pura fantasia e loucura deste que vos escreve aqui.

Mas por que resolvi escreve um pouco da minha vida dos meus relacionamentos fracassados, para tentar entender o que tirei de cada relacionamento que tive até aqui, sejam eles de trepadas, namoros ou casamentos não sei se vou lembrar-me de todos e tenho a certeza de que não lembrarei, mas os que mais me ensinaram algo do tipo O QUE VIM FAZER AQUI?

E por que desta ou daquela pessoa ter passado na minha vida como uma forma de aprendizado, vou tentar com vocês chegar a alguma conclusão, vou colocar aqui não de uma forma organizada, eu até planejei isso, mas tenho certeza de que não será assim.

Vou começar e vou tentar seguir uma lista kkkkk, por ordem de acontecimentos, mas tenho certeza de que no meio vai aparecer outras lembranças, e então vou mandando aqui mesmo que sem uma ordem de fato ok.

Tambem vou colocar algumas pinturas minhas em tela que fiz uma faze não muito longe. Têm algumas legais outras nem tando e para apenas da uma colorida no livro.

SOLIDÃO

Bom...

A primeira relação que lembro, na verdade, não foi uma relação em si e sim meu primeiro amor kkkk amor, na verdade, uma fantasia alucinógena de uma criança de sei lá uns 7 ou 8 anos foi pela filha de uma professora do colégio onde estudei uma menina linda de cabelos encaracolados parecia uma princesinha eu sempre fui muito acanhado quando mais novo como sou até hoje, mas naquela época lembro que por causa deste amor platônico eu fiz coisas que jamais pensava em fazer para estar ao lado dela, em uma festa do colégio cheguei a me fantasiar, de Dom Pedro primeiro ridículo, mas eu fiz e o que com ela aprendi que por amor fazemos algumas coisas que até mesmo nos duvidamos nem que anos depois tenhamos a certeza disso, não e mesmo.

Passaram se alguns longos anos e com a chegada das redes sociais eu ja separado tive o prazer de voltar a ter contato com ela mesmo que por pouco tempo, e pude saber um pouco mais da vida dela.

Hoje e uma mulher formada em balé, uma super, profissional talentosa, mas que até hoje não se encontrou amorosamente, não se casou, não teve filhos, acho até que por conta da profissão, mesmo sempre viajando mundo afora, mas o bom nisso e que pude falar para ela sobre os meus sentimentos por ela quando criança e para mim isso foi uma libertação de algo que sempre guardei comigo, mas graças a deus pude me libertar disso e me fez muito bem.

Depois dela, com meus 12 ou 13 anos me apaixonei por uma menina, vizinha nossa e muito amiga da minha irmã de criação que era mais velha do que eu mais experiente, etc. ela era acima do peso, mas era linda, lembro o quanto ela gostava de mim.

Eram cartas e cartas tinham músicas que ela dizia que ara nossa e com ela tive alguns aprendizados por ela ser mais velha a mãe dela não aceitava de forma alguma a nossa relação e nem imaginava sermos namorados, o pai dela viajava muito lembro que ele tinha outra família, mas em relação a minha namorada não lhe faltava nada nem amor ele já aceitava a relação ou fingia né foi uma relação que me fez entender que o homem precisa ter cuidados com sua parceira.

Lembro que ela sofria horrores com cólicas e eu sempre ao lado dela dando o maior carinho e tendo todo o cuidado com ela, nos viajávamos muito para a fazenda que ela tinha no interior de São Paulo na cidade Sorocaba, foi com ela que tive a primeira tentativa de relação sexual. Mas não foi consumado de fato foi apenas um pau nas cochas, no primeiro momento acabou que me mudei para o RJ, e ainda tivemos alguns meses de contato até eu voltar a SP.

E aí sim, consumar a relação sexual onde ela perdeu a virgindade comigo, mas eu já tinha perdido antes e vocês vão entender mais adiante. Infelizmente ela já faleceu teve uma filha que hoje está linda muito parecida com a mãe ela e afilhada da minha irmã de criação.

Então nesta relação aprendi a ser cavaleiro, aceitar a rejeição de alguns familiares que não entende a forma de amar e com isso tentam dizer com quem você deve ou não se relacionar, mas será que eles vão sempre servir de cama para as relações que eles não aprovam.

Agora e um momento que acho fundamental na minha vida aos 15 anos comecei realmente minha vida sexual e foi aí que por um tempo me perdi de mim, tinha alguns amigos porteiros com quem sempre me dei muito bem.

E foi com eles que conheci a famosa casa rosa, da Rua Alice em Laranjeiras RJ. O bairro onde morei por grande parte da minha vida, pode dizer que minha primeira vez com uma mulher experiente foi muito legal e daí para frente fui um degustador de primas. Até meus 30 anos sempre utilizei este processo de sair com as primas mesmo namorando ou não eu não deixava de estar com elas, na verdade, para mim claro que além do sexo, tinha todo um lado de psicologia que me fazia um bem danado com elas aprendia e ensinava muita coisa.

Tem várias meninas que não esqueço até hoje, algumas até se tornaram amigas e aí não tinha mais o lance da grana, mas está foi uma fase e na vida tudo que é fase passa, e passou, mas por outro lado isso me ensinou a não dar o devido valor às relações então relações para mim eram apenas mais uma.

A MÚSICA

Aos 15 eu conheci a paixão me apaixonei pela sobrinha de uma amiga do meu pai ficamos quatro dias vivendo intensamente está paixão, mas ela não era do RJ, e infelizmente teve que voltar para cidade dela em minas gerais foi uma paixão que durou alguns meses mesmo a distância com troca de cartas e muita saudade dos momentos vividos. Com ela aprendi que a paixão ou o amor não resiste à distância, por muito tempo. Mais foi bom diria ótimo.

E também os meus 15 anos conheci outra forma de paixão que vira amor e a paixão e uma coisa bem estranha quando vivida pela primeira vez. E algo desconhecido algo novo te leva a loucuras a perda da razão do que e certo ou errado e no meu caso foi ainda mais foda, que está paixão nasceu por uma mulher mais velha casada e fui correspondido.

Vivemos loucuras foram 2 anos e meio de loucura muita loucura aventuras inesquecíveis o marido dela era meu amigo eu fui perverso fui maligno kkkkk acabou que ela se separou e vivemos um pouco mais a relação intensa.

Considero o meu primeiro casamento, Ela foi uma mulher que esteve presente na minha vida por anos Passava namoradas mulheres e eu sempre mesmo com as outras, ela era quem mandava em meu coração não tinha hora nem lugar para vivermos nossas loucuras, eram loucuras mesmo.

Com ele sai com várias amigas dela por que ela mesma fazia a propaganda para que eu pegasse as amigas e com ela tive a experiência mais louca da minha vida sexual, sai e transei com ela e com a irmã dela, na mesma cama na mesma hora, tudo começou num restaurante na Urca bairro do RJ. Foi louco as duas sentadas no meu colo beijava uma beijava a outra todo mundo olhando nao entendedo nada tinha alguns amigos comigo estavam pior ainda por que nao acreditavam que ela estava deixando isso acontecer nesta autura ja nao eramos mais nada oficilmente mais, claro que, havia ainda sentimentos.

Cara e uma parada muito louca que até hoje eu não consegui entender o motivo dela ter feito isso, mas este motivo eu ate hoje nãosei, e a pergunta nunca tive a coragem de fazer a ela, ela deve fazer a ela esta pergunta o que ela veio fazer aqui kkk.

Mas nem tudo são flores né ela também me ensinou a traição não à traição de ter outro homem e sim a traição moral, espiritual juro que por muitos anos eu achei que ela seria a minha mulher. Sabe assim com uns 30 anos quando eu havia estipulado para eu casar ter filhos, etc.

Ter uma família na real e me aposentar da vida de putaria então sempre achei que nos Casaríamos e viveriamos felizes para sempre. Mas, ela eu nunca consegui perdoar infelizmente.

A IGREJINHA

Ela decidiu de fazer um aborto de um filho meu, sem ao menos dar a chance de eu saber e tentar convencê-la a não cometer tal crime.

Sou totalmente contra ao aborto, aborto este que bem ou mal seria debitado na minha conta, também sei que minha relação com ela não acabará nesta vida voltarei em uma próxima vida para fazer este resgate.

Lembro bem o dia em que ela me deu a notícia estávamos em um bar bebendo com amigo e do nada ela mandou isso na minha cara na hora não levei a sério, e como já estava bêbado, eu falei que outro dia conversariamos sobre isso.

Então lembro também o dia que marquei para conversar e saber melhor sobre a história do aborto foi no dia que teve um apagão nacional no Brasil, foi um dia marcante para mim por que neste dia minha casa caiu perdi totalmente o encanto pela mulher que até então seria a mulher que eu viveria a mulher com a qual eu me casaria, mas infelizmente a traição, eu não consegui superar. E nunca mais tivemos nada como homem e mulher, ela até um pouco mais a frente, apois a morte do pai ela até tentou me comprar para que ficássemos juntos, mas para mim não dava mais.

Eu sou estranho e isso para mim foi uma traição imperdoável o que nos restou, foi apenas uma grande amizade que dura até hoje mesmo não tendo contato constante sei que se dela ou eu precisar eu posso contar com ela e ela comigo também.

Por volta dos meus 17 para 18 anos eu entro para uma banda famosa e aí as coisas passaram a voar para mim em relação às mulheres passei a ter algumas facilidades de pegar quem eu queria e até às que eu não queria também.

Aí foi quando eu comecei a me envolver mais e com várias mulheres em simultâneo, algo ruim para mim como pessoa, mas que também me levou a pensar muito e até mesmo me perde definitivamente de quem eu realmente era.

Tive depressão e muita dúvida de quem eu era realmente se era o Frederico que pegava as mulheres como e quando queria ou o Frede e quem fazia isso e isso me fez um mal tremendo até eu entender que eu era uma mesma pessoa só que o Frede facilitava as coisas para o Frederico.

Nesta época pega mulheres lindíssimas algumas famosas e outras fãs que curtiam o meu trabalho eu frequentava muitos inferninhos kkk e uma noite desta me apaixonei por uma mulher linda, era a cópia da

Claudia Raia, ela foi muito especial na minha vida, foi à primeira mulher que eu levei para morar na minha casa, ser minha segunda mulher.

Foi uma relação de alguns meses por que ela foi contratada para ser modelo na Europa e ela resolveu ir não tive muito que fazer a não ser aceitar.

Mas nesta época eu já estava envolvido até o talo com as drogas e isso me fez perdela, por que eu não tinha muita atenção para dar a ela a não ser apresentá-la como um troféu, não sou um cara bonito, mas sempre tive mulheres lindíssimas, e está foi uma delas que me marcou muito por que mesmo não dando tudo o que ela merecia ela me dava tudo o que me supria.

E lembro o dia que ela partiu ela chorando muito e eu não sentindo a mesma dor que ela, me arrependo por que ela merecia aumenos a mesma dor na partida.

Depois dela tive um envolvimento com uma maluca era uma modelo do subúrbio que realmente se apaixonou por mim, vendo seu sofrimento e todo o seu esforço para ter o mesmo de mim, ela fazia loucura para me ter, transavamos no carro em movimento na linha vermelha com ou sem mais alguém dentro do carro, ela por ser apaixonada por mim fazia de tudo para me ter, e sabia que estás loucuras me hesitava muito tive que dar um basta nela por que, ela foi se perdendo dentro do sentimento que não era nem de longe o que eu sentia, até o dia que ela me ligou na madrugada dizendo que iria se matar, se jogar na frente de um caminhão na via Dutra, isso para mim foi muito pesado e me fez nunca mais atende-la, até como forma de sanidade mental para mim mesmo.

Logo depois dela outra que me marcou muito foi outra modelo linda loira e me tratava como um príncipe largou a vida dela para viver a traz de mim kkkk. Ela sempre que podia viajar, viajava comigo nos shows etc. Era uma loucura nossas relações amorosas não tinha tempo ruim, ela só queria estar comigo e tentar me dominar, mas isso era impossível, para mim que nesta altura era uma pipa voando sem controle.

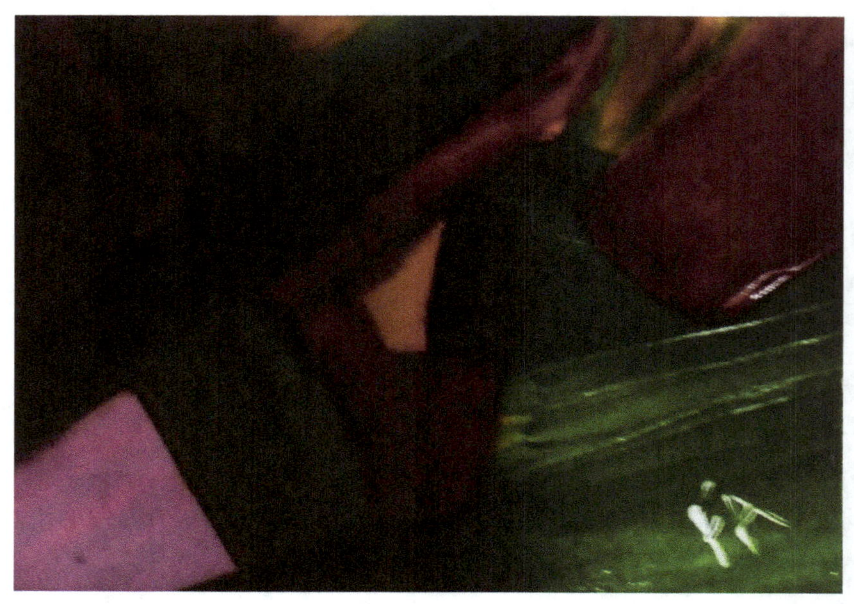

O EQUILIBRIO

Até que eu a trai na frente dela, ela me pegou no flagra na casa de uma amiga, e isso foi muito ruim para mim me fez sentir muito mal a partir daí comecei a pensar no próximo foi isso que ela me ensinou claro que não virei santo por isso ainda..., mas passei a me colocar no lugar do próximo.

Depois dela teve uma mulher mais velha ela era de outra cidade morava no nordeste ela eu conheci por intermedio de um amigo, que pegava a amiga dela, e me chamou para o 4 e par kkk, como se diz hoje por ai.

Ela era uma médica mais velha e se encantou comigo. Eu até dei corda para ele, mas não deveria a deixar viajar do nordeste para cá para passar um final de semana comigo já que eu era este maluco, ta certa que eu não esperava acontecer justo no fim de semana dela aqui o que aconteceu mais a frente conto o motivo do que fiz. Mas o que eu fiz, considero molecagem assim que ela chegou a levei para o motel, transei dei tudo de mim fiz ser inesquecível, Sai dali e sumi literalmente. Ela ficou doida, ficou horas no meu estúdio me esperando me ligando acabou que a deixei o resto do fim de semana só, e a me procurar.

O resultado disso foi que perdi um blazer de show queimado por cigarro com a palavra filho da puta e com razão, está depois disso nunca mais tive notícias.

$\mathbf{E}$u na época estava em um momento único um jovem de 19 anos despirocado curtindo a vida da melhor forma possível e sem pensar nas consequências em um destes shows na cidade de Muriqui RJ.

$\mathbf{E}$u conheci a minha terceira mulher a segunda que foi morar comigo claro, que não no primeiro momento, assim que a conheci começamos um namoro de alguns meses.

$\mathbf{M}$as eu na fase de doidão mulherengo acabamos brigando, nesta epoca ela ainda não morava comigo era um namoro normal e nos separamos, mas ela sempre me monitorava de alguma forma por ter amigos em comum.

$\mathbf{A}$té que um dia ela me ligou e me chamou para sair, estava de bobeira a sintonia do sexo era boa fui... Como eu meio que confiava nela apenas perguntei. Está tomando remédio? Ela disse, sim e eu acreditei, tome leite para dentro, por falar nisso tive várias doenças venéreas e não tive AIDS por que deus não quis. Bom algum tempo depois me veio à surpresa uma ligação dela dizendo estou grávida, para mim no primeiro momento, foi um choque.

Não era o que eu esperava e muito menos o que eu queria no momento da minha vida, mas também achei que era uma forma de ela tentar me prender, tipo um joguinho. Ela deu a notícia e disse que o que resolvesse eu seria informado.

Bom até que 9 meses de gestação e mais um ano de vida se passarão, de uma menina linda, recebo de novo uma ligação. Hoje é aniversário da sua filha, Não estou ligando para te pedir nada e nem que assuma a menina por que isso meu padrasto já fez, mas só queria que você soubesse que hoje e a festa de aniversário dela se você quiser aparece para conhecê-la será bem-vindo para mim um choque, mas me encorajei e fui.

Eu tinha show neste dia, mas fui à festa era no MC Donald's na entrada da ilha do governador, RJ. Cara a menina era a minha cara me encantei, claro. Mesmo não querendo ser pai Sabia que eu tinha uma responsabilidade nisso também começamos a sair de novo e se aproximar por causa da menina, e em menos de um mês as levei para morar comigo.

Foi uma puta experiência para mim em relação à menina, mas em relação à mãe mesmo sendo o sexo até legal não consegui ter aquele sentimento que pudesse me prender ou que me fisesse mudar. Por não ser correspondida como queria, ela resolveu terminar.

Tive contato com a menina por alguns anos, Por que minha ex-sogra me mantinha em contato com ela até que ela foi crescendo e começou a questionar sobre o amigo da vó, e como a mãe já estava casada com outro cara, E o cara não podia nem ouvir falar meu nome acabei por perde totalmente o contato com ela.

Hoje ela tem 27 anos, uma mulher, com ela aprendi o que e o amor incondicional, mas eu respeito muito as pessoas e suas vontades já tentei achá-la nas redes sociais, mas nunca tive este prazer, mais para frente vou falar mais sobre isso até porque O QUE VIM FAZER AQUI?

AS GAIVOTAS

Este e o sentido do livro descobrir desembaraçar minha verdadeira missão nesta passagem desta vez aqui na terra.

Teve uma situação muito engraçada como várias na minha vida, eu tinha um amigo que trabalhava comigo e era unha e carne nois dois, e tínhamos uma terceira pessoa kkk uma amiga.

Este amigo era louco nela, mais eu cagava para ela era amiga das drogas cheirávamos juntos diariamente era loucura mesmo bom ela teve um filho, este amigo garante que e meu e realmente o garoto quando conheci era minha cara, só que nisso tudo, eu não me lembro de ter transado com ela lembro sim de que nunca isso aconteceu, já o meu amigo garante que eu o fiz, olha a merda aí kkk.

Bom, na verdade, outro amigo por quem ela era apaixonada acabou casando e assumindo o garoto, se é meu ou não, nunca saberei disso isso e um fato.

Depois conheci uma mina, acho que ela era a mais feiinha das que assumi, mas como dizem, e o coração que escolhe né. Estava na fase ainda de curtir a vida a fama e tudo mais, mas me encantei e o que e mais engraçado, e que eu mesmo entendi, na época, a mulher que eu não queria eu tinha com certa facilidade, mas a que eu me encantava eram elas que não queriam nada comigo, por que sabiam da minha fama de mulherengo pegador que aprontava mesmo.

Mas está foi uma conquista ela andava com alguns amigos e amigas em comum e foi uma luta de meses para eu conseguir assumir a relação, no caso ela, por que ela foi uma das que ficavam comigo só escondido o bagulho era até engraçado, mas eu até me divertia com isso, e depois de muito insistir eu consegui. E ela se tornou minha namorada assumida ela foi uma das que eu considero como minha ex-mulher por que mesmo não morando oficialmente comigo, passava mais tempo na minha casa do que na dela foi eu quem tirou a virgindade dela e ela não foi à única que eu acabei tendo este prazer de fazer se torna uma mulher livre sexualmente.

Mas com ela também foi o meu desprazer, acabei pagando com ela a mesma moeda do que eu fazia. Ela me traiu com um meio primo meu um filho da puta, que se aproveitava da minha ausência, nas viagens trabalhando, para ficar dando encima dela, e eu nem desconfiava até que eu soube de tudo por que um amigo viu e me contou.

Porra que merda, eu queria matar ele, cheguei a atropelá-lo, mas não o matei kkk só quebrou a perna eu mais novo tinha uma disposição do caralho era ruim de me pegar na mão. Mas enfim tomei foi galha, e foi um golpe muito duro para mim mais muito duro mesmo, por que foi na época que eu estava no meu processo de me liberar das drogas, então eu tinha duas missões a de me manter limpo e centrado na minha luta contra as drogas, e ainda asimilar o fato de ter tomado uma galhada.

Foi foda, este momento da minha vida acho que foi o mais foda de todos, mas eu venci isso tudo a decepção com ela e a vitória contra as drogas.

Hoje 26 anos limpo no meio destas minhas histórias vou vencendo um dia de cada vez.

CAMINHO

Conheci uma menina linda muito linda mesmo inclusive foi capa dá playboy, mas quando eu a conheci ela tinha 14 anos e eu uns 20 anos fiquei com ela na época algumas vezes, mas não passou disso, no primeiro momento, por que ela era muito nova, mas lembro de que ela gostava muito de conversar comigo, passávamos horas ao telefone fixo nas madrugadas.

E ela sempre falava ser eu quem iria tirar a virgindade dela, eu falava que só faria quando ela tivesse 18 anos e o tempo se passou nos distanciamos por algum tempo.

Nunca me esqueço do dia 3 de dezembro meu telefone toca era ela eu já havio esquecido a tal história de virgindade, mas ela fez questão de me cobrar. Palavras dela ao telefone, oi saudades de você, estou te ligando para cobrar o meu presente, hoje faço o meu tão esperado 18 anos, e você prometeu tirar minha virgindade Kkkkk.

Caralho na hora eu ri muito com ela ao telefone me falando isso, não estava acreditando que isso estava acontecendo comigo, na época eu estava só me recuperando do baque da traição, estava mais caseiro por conta de ter parado com as drogas.

Então resolveu ir até a casa dela não com a intenção de fazer o que havia prometido, mas como me relacionava bem até com os pais dela que me adoravam assim o fiz. Peguei o carro e fui para vila da penha suburbio do RJ, na subida do morro do urubu, era de noitinha ja cheguei a casa dela estava ela a irmã que pouco depois foi minha dançarina uma mina nota 10 super gente boa e a mãe dela logo depois chega o pai, entrei dei os parabéns e o presente que eu havia comprado para ela, um vestido, amarelo lindo que combinava com ela por ser loira de olhos verdes uma princesa, fui convidado a entrar sentar na sala, foi aí que veio a minha maior surpresa pqp tem certas coisas que só acontecem comigo kkkk.

Me olha a mãe dela dentro dos meus olhos e fala você veio pagar a sua promessa a minha filha, ela se guardou para você por estes 4 anos sonhando com isso, quase infartei, cara eu não acreditava, eu juro, que está situação estava acontecendo comigo, e que realmente ela havia se guardado para mim, era surreal o que eu estava vivendo naquele momento.

Como ela havia marcado um jantar com a família, e teria que ir e claro me chamou para ir, de pronto aceitei, até por que achei que indo me livraria pelo menos naquele momento ou dias de ter que pagar o que prometi engano meu. Ela foi se trocar e eu na sala da casa dela a mãe o pai um cara fantástico que posso até dizer que, Como médico, ginecologista kkkkk ele salvou minha vida descobriu a febre reumática em mim, mas a história não e para falar disso né.

Bom me desce ela com a porra do vestido amarelo que eu havia dado para ela, linda deslumbrante maravilhosa, e tudo mais. Fomos para o tal jantar jantamos, eu ali sabendo que no mínimo todos sabiam o que eu estava fazendo ali kkkk, até que ela me chama para fora do restaurante, e me dá um beijo, e fala esperei por este momento os últimos 4 anos da minha vida e como isso vai ficar.

Cara eu sem acreditar tirei ela dali e fomos para um motel na época não era esperto em lance de romantismo não era muito a minha praia, foi foda, mas eu tive que em minutos aprender a ser o cara que ela idealizou, veja a merda que eu estava, um cara que comia até a parede numa situação desta, mas foi muito legal, foi especial para ela tenho certeza, que foi dito por ela mesma que foi melhor do que ela havia sonhado então me sai bem nesta pegada.

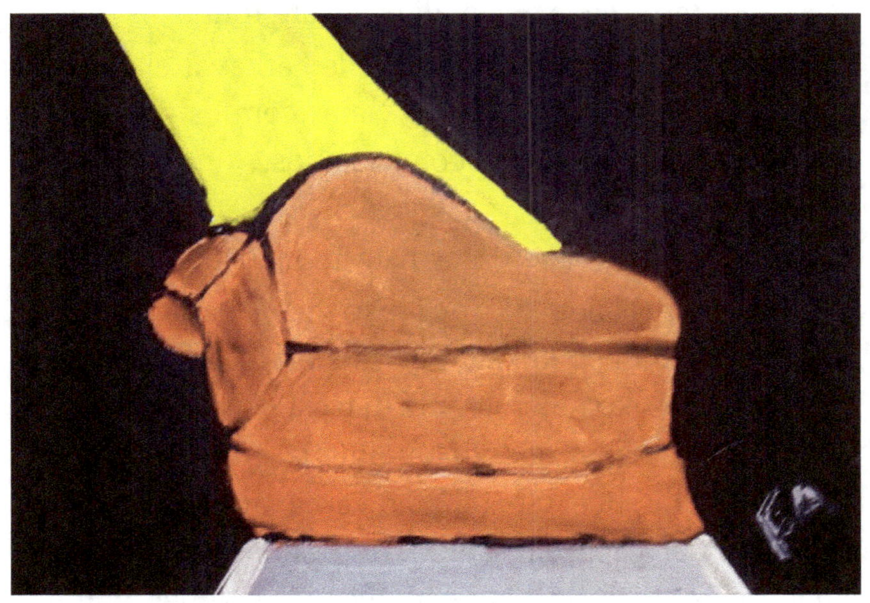

O DIVAM

Conversamos logo depôs por horas ali se curtindo, e ela vem com mais uma para acabar de me foder, eu na maior merda após ter vindo de uma corneada de uma mina nem tão gata assim, recuperado já posso dizer, mas a fim de curtir um pouco mais a vida não querendo outra relação assim tão rápida ela me pede em namoro, pqp.

Claro eu não podia negar foram 3 meses maravilhosos até que a véspera de carnaval ela se vira para mim, e fala assim. Vou viajar com os meus pais, preciso pensar e na volta conversamos.

Carnaval de merda o meu né, não fiz porra nem uma, minha banda de rock não fazia carnaval, bom foram dias longos kkkkk. Até que ela volta de viajem, me liga pede para me ver, diz que está com saudades, e lá vou eu já sabia que vinha alguma merda e não deu outra ela quis ficar Sozinha no carnaval para pensar se aceitaria ser capa dá playboy, ou não. Puta que pariu meu mundo desabou, na verdade, ela não perguntou o que eu achava apenas comunicou que tinha aceitado um duro golpe para mim, não conseguiria aceitar isso, mas nem fodendo já tinha problemas com a beleza dela em lugares que frequentávamos, nos shows que ela me acompanhava, saia toda hora na porrada, não tinha jeito imagina eu estar em algum lugar, e vir um cara com a revista da minha mulher pelada pedir um autógrafo, para mim era surreal a situação.

Falei para ela que não dava mais para mim e terminei. Aí foi outra foda acabar com está relação, me durou dias de recaídas conversas etc., mas não consegui de forma alguma segurar a onda ela foi capa da revista, e nunca mais tivemos contato, foi foda para mim, mas me recuperei do trauma com muita dor, muito sofrimento, fui trocado por uma capa de revista kkkkk, mas tá valendo.

Voltei para putaria comia até vento em pensamento até que a vida me dá outra rasteira num sábado destes da vida eu tinha marcado com umas amigas eram amigas mesmo, de sair com um grupo de amigos delas, cheguei mais cedo por que eu era muito querido dos pais dela tinha a intimidade, eu estava numa vaibe de andar todo rasgado, kkkk.

Tocou a campainha meu tio falou assim, abre La à porta, deve ser as meninas, maluco eu abri a porra da porta foi o mesmo que tomar um locaute técnico de imediato, não eram as meninas ainda e sim uma amiga delas que veio na frente, a mina me olhou de cima em baixo, com um ar de desprezo que pqp, mas asimilei o nocaute, as neninas vieram logo atrás, Deus e foda perdi o rumo, mas notei que a mina era sebosa para caralho, perguntei a minhas amigas se ela iria sair conosco, resposta vai, sim.

Maluco eu estava em Niterói, eu morava no RJ do outro lado da ponte, em laranjeiras. Falei para minha amiga, segura a onda aí, que eu estou indo em casa me trocar, ela não acreditou... Perguntou o porquê, eu falei velho eu quero esta sua amiga para mim, minha amiga deu uma risada, e falou assim pra mim. Ela sabe da sua fama, vai ser difícil, mas e disso que eu gosto.

Mas guerreiro que sou e não perco uma batalha sem tentar, la fui eu me trocar, fui e voltei rápido para caralho, cheguei ainda dando tempo de ir com eles se não eu estava fudido porque, não fazia ideia para onde eles estavam indo, e muito menos onde era.

Mas lá vamos nós, bom chegamos ao local e a louca se sentou do outro lado da mesa kkkk, mas sou guerreiro como já disse, dei meu jeito de chegar perto, lembro que até dancei nesta noite, coisa que eu odiava fazer, dançava nos shows coreografias definidas e achava ridículo, mas vamos pagar de simpático de dançarino, bom moço, e assim eu fiz a noite toda.

Trocamos algumas palavras e tal mais nada, além disso, parecia que havia uma porra de um muro entre nois, ela era muito metida, mas também com sua beleza, eu não poderia esperar outra coisa.

Fim de noite resolvi dar meu telefone para ela, mas sem pretensão alguma, de que ela ligaria para mim, mas para minha surpresa quando já estava entrando no meu carro, na época eu tinha um Monza lindo, ela me dá um cartão de visita de onde ela trabalhava com o telefone dela, bom aí fique sem saber o que fazer por alguns dias não liguei, até que resolvi ligar.

O LOBO

Conversamos e tal, mais nada de conseguir quebrar o gelo, na verdade me parecia mais, um interrogatório o que ela fez, mas já estava passando por mais uma fase deste jogo, então se lembra da história do blazer ela foi à culpada do meu sumiço.

Na verdade, ela só colaborou por que no fim de semana, que a mulher apareceu aqui, à médica, era um feriado e as minhas amigas haviam me chamado para ir passar o fim de semana na casa delas na prais, na verdade, eu não ia sumir, mas acabei indo até são Pedro da aldeia saímos me divertir e minha intenção era voltar para dar mais uma atenção à médica, mas na noite que eu iria voltar a esnobe kkkkk me ligou, e falou vamos à praia comigo e uma amiga no domingo.

Cara eu sabia que se eu voltasse, eu não ia conseguir mais me desvencilhar da médica, então resolvi só voltar no domingo de manhã direto para pegar a mina em casa e irmos à praia, fomos eu ela uma amiga e um amigo meu. Boa praia tudo de bom, sol quente pela primeira vez pude ver a mulher de biquíni e era mil vezes, melhor do que pensei kkk, já era gata e ainda mais era gostosa, fiquei doido, na época eu fumava e papo vai papo vem, à mina manda logo este papo, eu com um cigarro acesso.

Ela fala nunca, namoraria alguém que fuma eu pensei comigo pqp me fudi, mas não a minha reação foi imediata, apaguei porra do cigarro na hora, e ate irmos embora não fumei mais kkkkkk.

Bom acabou o domingo deixe ela em casa e fui embora lembro que numa terça-feira, eu liguei para saber como ela estava e tal, e como ela trabalhava, perto do meu estúdio a chamei para almoçar no dia seguinte, ela prontamente aceitou. Então quarta-feira chegou e eu fui ao encontro dela, chegando eu fiquei na porta do MC Donald esperando por ela. Que foi onde ela quis ir almoçar, até então tranquilo, estou esperando eis que vem a doida.

Maluco ela passou por mim nem falou nada, só fez o sinal com a mão para eu entrar a traz dela, caralho não entendi nada, mas entrei pedimos o lanche comemos e conversamos mais um pouco e assim foi por alguém dias a coisa dando uma estreitada, mas nada de mais até então.

Vêm chegando um fim de semana, uns amigos me chamaram para sair, porra de saída de casal, eu na época sem ninguém só tentado pegar esta mina falei, vou chamar à doida, já pensando que ela não ia querer ir, mas fiz o convite, para minha surpresa ela aceitou, então lá fomos-nos.

Aí parti para dentro falei e hoje ou nunca mais para ser mais ridículo o bagulho só tinha amigos meus, ai ela falou vamos ao banheiro me acompanha, eu fui até que ela me beija longe de todos, pqp eu mereço, mas foi um beijo legal rolou a porra da química, mas até então, só me beijava quando ia ao banheiro, ridículo.

Mas minha vida e assim, saímos outras vezes, mas não ficava comigo na frente de ninguém mesmo estando eu e ela não tínha jeito, isso foi alguns meses assim, até que um dia eu falei chega ou para com esta porra ou não fico mais com ela.

Lembro bem o dia da minha decisão, tinha comprado um carro zero, fui buscar o carro, e chamei-a para conversar, ela aceitou. Fomos para beira de uma praia em Niterói Camboinhas e eu mandei logo a real ou você me assume ou paramos por aqui, para minha surpresa ela resolveu aceitar, ai começamos a namorar ficamos noivos, mas com ela era muito tranquilo morávamos longe e ela era muito estudiosa, estudiosa para um caralho, queria passar em concurso publico, então só fazia estudar, e com isso eu livre na noite, claro sem ela saber, por que eu passava o dia com ela e de noite eu ia embora, e ela ia estudar eu mandava o caó de que eu ia dormir, ela acreditava e lá ia eu para a noitada com os amigos.

Foram várias saídas, mas ia só beber conversar com os amigos até uma vez que deu merda kkk. Conheci uma jornalista, tipo de coisa que só acontece comigo.

Eu to no bar com os amigos me senta um grupo de mulheres, e uma não tirava os olhos de mim, aí eu falei porra não vou pagar de bobão, então fui para a mesa dela.

Trocamos uma ideia e telefone e ficou nisso, até que para minha surpresa um belo dia ela me liga, e me chama para sair. Bom eu fui e aí começou a merda na minha vida, a primeira e única vez que eu tive amante na vida, duas relaçoes ao memso tempo, e te digo nunca mais quero isso na vida, pqp uma morava de um lado em outra cidade são gonsalo RJ e a outra em Campo Grande RJ do outro lado foi foda, fiquei nesta por alguns meses, mas isso não me fazia bem de jeito nem um, até que larguei a jornalista e fiquei só com minha noiva.

EMBARAÇO

Mais alguns anos se passaram, tudo comprado para gente casar, só faltava à máquina de lavar, até que eu me encanto por uma mulher mais nova uma amiga de uma amiga e me encantei mesmo, nao teve jeito conversei com minha noiva e disse que eu preciva de um tempo para pensar, ela não entendeu nada, mas não ia conseguir viver de novo com uma amante, e na verdade, eu tinha a certeza que meu casamento com ela seria um fracasso em menos de um ano eu ia casar e me separa.

Ela era uma puta de uma sargentona kkkk mandava na porra toda, de roupa que devia usar até o que deveria fazer ou não, tinha vergonha da minha vida profissional ficava puta quando eu aparecia na TV.

Resumimdo como eu achava que não ia dar certo e não que eu não gostasse dela, mas eu tinha que tomar uma atitude por que eu iria fazer uma escolha de me casar ou abandonar a porra toda, e tentar ser feliz.

Bom nos afastamos por quase um meses, mas a mina começou e ficar mal, gastrite hospital e o caralho, resolvi largar à novinha e voltar com ela, ate por que a novinha me parecia porra louca total, uma diferença de 10 anos nas nossas idades, achei que nem teria futuro ali, isso foi em setembro, lembro bem quando foi 1 de dezembro.

Havia marcado com ela de sairmos para comprar, a tal máquina de lavar por ser a unica coisa que faltava para me enforcar de vez kkkkk. Lembro que cheguei La era um sábado almoçamos assim que acabou o almoço eu falei vamos então para o shopping comprar a máquina, estávamos na sala de TV.

Ela me chamou para sala de estar e falou cara vamos acabar por aqui, me assustei, mas lembro de que aquilo me fodeu de uma maneira que fiquei na merda por meses por que eu bem ou mal tinha sido o culpado desta situaçãoe gostava dela, e sabia que ela não estava bem, mas que estávamos fazendo o certo naquele momento, por que não ia dar certo se a gente se casesse realmente, e assim foi terminamos ainda nos vimos por algumas vezes.

Ate que um dia chega à minha casa mandado por ela algumas coisas que aviamos comprado juntos, eu havia deixado claro para ela que não queria nada, mas lembro de me de que ela mandou foi mais às coisas pessoais, tipo toalhas, xicaras "etc" coisas que eu havia escolhido para mim, mandou um forno e mais algumas coisas então assim foi, acabou minha história com ela ali.

Mas quando me separei da primeira vez da mãe dos meus filhos que e aproxima que vou contar, eu a procurei e para minha surpresa ela esteve sozinha, por 11 anos me esperando voltar, pqp para mim, foi um choque saber disso fiquei mal por saber que ela tinha feito isso, mas quando eu apareci ela estava começando a sair com um cara. Então não quis me aprofundar mais e nem achava que eu tinha direito de bagunçar a vida dela depois de tanto tempo, nos falamos por algumas vezes, mas depois eu sumi.

Teve ate uma coisa engracada nisso lembro que mesmo separado da mãe dos meus filhos resolvi ir ao shopping, pra comprar uma sandalha para minha filha, local que eu ia com frequencia por anos e eu nunca havia encontrado com ela em nem um lugar, mas neste dia Deus fez questao de que isso acontecesse.

Eu minha ex mulher e minha ex noiva pqp so comigo acontece estas coisas. Lembro que dei um abraço nela tudo muito rapido e segui em frente, tem mais história que conto a seguir por que para fazer o sentido eu tenho que falar da próxima.

Então sozinho eu fiquei até início de fevereiro em meados de fevereiro eu resolvi procurar a novinha conversamos saímos, mas cara a mina não me passava uma confiança saco, vinha carnaval e por um milagre neste ano eu iria viajar ter alguns, show algo incomum, mas tinha aí então deixei ela livre e falei que eu iria a observar a distância, Para ver como ela ia se comportar no carnaval, já que ela queria uma relação e eu estava muito desconfortável com isso, pela idade por ela ser meio porra loca.

Mas assim foi viajei voltei não a procurei mais até que um bendito dia início de maio ela me procura para contar que havia nascido o sobrinho dela, eu cá comigo, o que eu tenho a ver com isso, era uma sexta feira, e ela me chamou para sair no sábado e aí começou a merda na minha vida.

Fomos para a porra do Osvaldo um bar famoso aqui no RJ que só vende batida, bebi para caralho e fiz a maior merda da minha vida pedi a doida em casamento, ali doidaço imagina a merda, a primeira reação dela foi Ta maluco!! Não, Não quero sou muito nova.

A VIDA

E realmente ela era, tinha só, 19 anos eu já com 29 anos, bom para mim, foi até um alívio ela não querer, foi algo sem pensar bebado coisa de maluco, saímos dali fomos para minha casa transamos dormimos e ela me convidou para ir almoçar, na casa dela, que a mãe iria fazer um peixe para mim, a comida que mais amo peixe.

Bom resolvi ir e seria ali à última x que ficaríamos, por que eu não tinha estrutura para ficar de namorico mais eu já estava para fazer 30 anos e foi à idade que eu coloquei como meta para casar ter filhos, etc.

Bom fui então almoçar na casa dela aquele almoço de família só que chegando lá eu fiquei na sala a mãe na cozinha e ela sumida no quarto, AP Pequeno só morava ela e a mãe, mas tipo da onde eu estava conseguia ver a mãe e ela não dava para ver o que estava a fazer no quarto, mas até aí tudo bem então acabou o almoço falei eu vou indo então.

Aí que vem a surpresa, me aparece ela com um mon-te de bolsas e me fala. Então vamos, eu me assustei kkkk e claro e perguntei vamos para onde achei que teria que levar ela no aeroporto rodoviária sei lá... jamais que ela iria em bora comigo, para morar comigo.

Não meus caros pqp ela foi morar comigo, aceitou a porra do pedido de casamento, olha a merda aí. Não tinha o que fazer, porque a palavra de um homem tem que valer. Foi aí então que começa o meu casamento mais longo até hoje, logo que ela foi morar comigo numa de assustar falei logo que queria um filho até aí tudo certo programei para que ela engravidasse em dezembro, para o filho nascer perto do meu aniversário que e em agosto, mas que nada, a goma aqui e boa, logo em seguida ela engravidou, logo mais logo mesmo. junho ela já estava gravida, eu matei a charada na hora, eu já havia voltado a fumar após anos, mas ela não ligava até que um dia à noite, eu acendi um cigarro ela enjoou na hora, falei você esta gravida, ela fala assustada, não que nada não to, falei amanhã vai à clínica e faz o exame de sangue, não faz nem o de farmácia.

E assim foi eu tinha um programa de TV. que eu ia participar ao vivo ela foi fazer o exame, e eu parti para TV, quando ela me liga e diz você tinha razão, estou gravida, porra para mim foi um susto, mas também uma alegria tremenda por que era o que eu já queria mesmo.

Bom lembro-me que eu ao vivo na TV. falei ser um dia especial para mim, que tinha ficado sabendo a pouco que eu iria ser pai um pouco antes do programa começar.

E assim começa minha vida de casado e com um filho a caminho. Na minha cabeça passava assim esta filha da puta vai ter este filho, e vai meter o pé e eu vou ter que criar ele sozinho. Mas também isso não me assustava tiraria de letra como mais a frente eu fiz, na gestação, participei de tudo, todos os exames e tudo mais.

O dia mais feliz da minha vida foi quando a médica falou, pai e um menino, porra imagina a felicidade de um homem em não dar as foras para marmanjo.

Cara em mesmo de um mes estava tudo pronto comprado para a chegada do João.

Até que ela e meu Velho começaram a se desentender, e neste momento a minha vida dá uma reviravolta do caralho.

Eu fiz um evento e tomei uma volta de um amigo e fiquei na merda de dar gosto, perdi muita coisa com esta situação, 1 carro, terreno e mais uma grana. Menos mal e que já estava tudo comprado para chegada de João augusto, eu sempre fui um cara de questão, uma situação desta ja mais passaria em branco sem uma atitude radical minha ate pensei realmente em fazer uma merda, mas foi aí que vi minha vida realmente mudar. Minha vontade era de matar o cara, mas eu tinha quer pensar no moleque que vinha chegando, tive que segurar minha onda.

Lembro bem de meu pai me perguntando você agora virou bunda mole, eu falei não pai agora não sou só mais eu tenho um moleque naquela barriga que vai depender de mim.

E assim foi um aperto do caralho, mas a situação dela com meu pai só piorava e eu tive que tomar uma atitude, que eu havia jurado para mim mesmo que jamais faria sem antes a partida da minha mãe, que era ir embora de casa, mas tinha que fazer algo.

Resolvi comprar uma casa para ela e o meu filho morar, eu continuaria na casa dos meus pais, e fim de semana iria para lá, até porque eu tinha que correr a traz estava na merda so tinha meu estudio e mais nada na epoca. Eu estava fazendo faculdade de jornalismo tive que deixar para poder ter mais grana pra arcar com tudo o que vinha pela frente, lembro que eu fiz a mudança no início de dezembro, sem um puto no bolso, mas consegui fazer a mudança e vomos para la.

Esquema fim de semana eu ia voltava na segunda ate que se aproxima o dia do nascimento do molegue pra ficar melhor ainda bati meu carro um dia antes do meu filho nascer, olha estava foda, mas sempre acreditei em Deus mais para frente falarei mais sobre isso.

Então dia 22 de fevereiro de 2003 nasceu meu moleque, lindo. Era carnaval foi uma alegria do caralho e eu preocupado, de como eu ia sustentar a porra toda.

Mas ate que em março dia 13 recebo uma ligação, de um grande amigo e empresário preciso falar com você urgente, lembro não tinha um puto no bolso peguei emprestado com minha ex-sogra e fui e o que aconteceu o cara não estava la, não pode me atender naquele dia, fiquei na rua até tarde voltei pra casa desolado, ainda mais não sabia o que ele queria, mas eu tinha a esperança.

Resolvi pegar o ônibus e voltar pra casa assim que cheguei em casa, ele me liga me pedindo desculpa e remarcando para o dia seguinte às 14 horas. Lá fui eu, bom ai veio a maior noticia que eu podia ter ele me chamou pra tocar o projeto da banda Detonautas, Ser o homem de frente da coisa na estrada fazendo a coisa acontecer, e eu viajeria na quele mesmo dia as 19:00 horas.

Sai dali correndo fui fazer as malas e pe na estrada. Aí daí para frente à coisa fluiu como um rio, dinheiro entrava a rodo pude ir reformando a casa colocando, piscina, churrasqueira etc, quando comprei a casa a casa era bem simples não tinha nada de luxo era sala cozinha 2 quartos e um banheiro. No final eram 3 quartos sendo uma suite cxom banheiro de motel com closet sauna piscina banheiro social com hidromassagem banheiro externo tambem com hidro a casa virou mansão. Mas eu ainda não morava La porque, este era o meu plano viajava voltava, ia lá via o moleque e metia o pé.

Na estrada na época voltei a comer até vento por que eu não me considerava casado de fato e não queria largar da minha promessa a minha mãe, de não a deixar a só com o meu velho.

Mas aí a coisa começou a ficar esquisita, por que eu passei a sentir muita falta do meu moleque, eu tinha muito pouco tempo para estar com ele no esquema que eu estava fazendo aí gradativamente acabei assumindo e me mudando de vez para morar com eles no início tudo muito complicado, eu não queria ser casado mais era foi foda.

Nestas fasse da vida eu estava com grana a dar com pau nada me faltava tinha tudo que queria realizei todos os meus sonhos, mas não era plenamente feliz por que uma das coisas que aprendi nesta vida e que dinheiro não tras a felicidade, e muito menos compra ,falarei mais sobre isso a frente.

A ARARRINHA AZUL

Até que um belo dia uma louca me liga no tel. da produção, e minha ex atende e desconfiou, e me assustou muito mandou a real que se eu continuasse a fazer minhas putarias ela iria sumir com o meu filho, porra endoidei aí a partir daí não mais teve a putaria na minha vida me regenerei e levei um casamento de 11 anos bonitinho não era esta a minha ideia inicial mais assim foi.

A minha ideia inicial era de ter apenas um filho até por que sabia que já tinha alguns por aí, pensava um dia esta porra vai dar merda, vai vir todo mundo a traz querendo pensão, dinheiro, etc. kkkkk e não vou ter como assumir geral, mas minha mãe queria muito uma neta. E só eu poderia dar uma neta a ela, então resolvi tentar, mas deixei claro para minha mãe que seria uma única tentativa. E assim foi corri a traz de saber, métodos de fazer uma menina não poderia errar procurei o medico fale com ele a situação, e ele mandou as dicas, come isso faz aquilo e o caralho.

Até que um belo dia eu bêbado, mas bêbado mesmo transamos de qualquer jeito sem as regrinhas básicas para ser uma menina, no dia seguinte o desespero vai dar merda, não vai ser menina fudeo toma remédio, pilula do dia seguinte, mas não adiantou ela engravidou mesmo assim.

Por isso brinco, falo que a LoLo se chama pirula do dia seguinte kkkk, pqp. E o desespero para saber se era menina ou não, na época não tinha o exame de sexo do bebé ainda era muito dificil de saber, então mandei importar um teste pra saber, comprei logo 3 desta merda para não ter erro kkkkkk, teste chegou fez os 3, e deu ser menina nos 3. Porra a felicidade estava completa minha mãe feliz eu também mesmo sabendo que iria dar à forra.

Meu casamento sempre foi de altos e baixos, mas eu não ligava para porra nem uma, a mulher ali no caso era um nada para mim, era meu filho e a outra que ia chegar. E tome fazer obra para fazer quarto para ela, etc. Como na época o dinheiro não me era problema foi logo tudo ficando pronto só aguardando a chegada da Heloísa nome escolhido pela (avó) dela até que em 24 de novembro de 2008 chega minha princesa prematura aí fudeu 8 dias na UTI neo natal eu logo no segundo dia surtei queria matar todas as crianças da UTI arrumei os caralhos no hospital, pqp não gosto nem de lembrar, foram os 8 piores dias da minha vida tenho certeza disso, ela só de ouvir minha voz do lado de fora da UTI abria o berreiro e eu não podia entrar, foi foda.

Mas graças a deus não era nada de mais e ela teve alta rumo a sua casa. Digo que nos 3 primeiros anos dela teve até uma pausa nas desavençasentre eu e minha ex até porque eu já tinha ligado o fadasse mesmo já tinha me separado entre aspas, sumi por uns dias, e as coisas foram só piorando.

Até que minha mãe tem uma piora muito grande, e eu surtei de fez, ja me culpava de a ter deixado passei a viver a vida dela so que a distancia era tudo comigo adimistrava a minha casa e a casa dos meus pais, pelo menos em ralcao a saude deles.

Meu pai tambem nesta epoca ja fazia emodialize e esta bem fudido então era tudo comigo, e eu surtado como estava, já não falava mais com ela era só fora xingamento, bom acabou o casamento.

VAMOS SEGUIR

No dia 28 de dezembro de 2012. Teve algumas lições que tirei deste casamento apos a minha separação, que falarei mais pra frente na conclução do livro, no caso a primeira, esta foi à primeira vez que de fato estavamos se separando porque teve a segunda vez e definitiva. a gente sempre comete os mesmos erros para ter certeza que está fazendo, a cagada certa.

Bom ela saiu de casa neste dia na verdade ela já estava desde o natal na casa da mãe dela, com as crianças, e eu em casa de boa cuidando das minhas coisas, eu tinha um restaurante criava peixe, pássaros etc. Então não me incomodava ela estar em casa ou não, meus filhos sim, mais ela eu já estava cagando.

Então como falei neste dia ela veio me comunicar querer se separar que estáva indo definitivamente para casa da mãe, eu ok só pedi que ela conversasse com os meus filhos sobre isso, e no dia seguinte trouxesse eles para eu ver antes de viajar, que eu já iria vir para casa de uns amigos passar o ano novo na casa deles em Miguel Pereira. E assim ela fez foi embora e no dia seguinte na hora combinada ela trouxe as crianças para eu ver, perguntei se ela havia falado com as crianças e ela me diz que não.

Então eu os chamei e tive a conversa colocando para eles o que estava acontecendo, e perguntei ao mais velho se ele queria ficar com a mãe ou ficar comigo, para ele decidir na hora. De imediato ele falou claro pai que vou ficar com você e a menina também não pensou duas vezes, pai tambem vou ficar com você, mas eu não teria como ficar com os dois, foi foda para mim, para ela então que se achava a mãe mais foda do mundo, foi um direto na cara.

E assim foi meu filho viajou comigo, voltamos ele continuou comigo conversamos muito eu sempre deixei claro pra ele que poderia ter uma volta e tal, mas que nao criase expectativas sobre isso que eu iria ficar tranquilo que eu não me envolveria com ninguem por um tempo e tal, cara esta situação me ensinou muito, e eu pude ter a certeza que mesmo, eu sendo todo errado sou chato, sou brigalhão falo alto dou esporro, etc.

Meus filhos me amam mais do que amam a mãe deles, isso para mim e uma gratidão tremenda me deixa muito orgulhoso de mim mesmo, vocês não têm noção do que e isso para mim.

E saber que eu consegui dar a volta por cima de muitas das merdas que fiz nesta vida, então nem se fala claro que não fiquei totalmente sozinho. Neste tempo separado, mas não assumi nada e na verdade so teve uma mulher neste meio tempo que conheci no shopping em um passeio com o meu filho a mulher atacou mesmo, ela tambem estava com problemas na relaçao dela foi uma mulher que me fez bem, inclusive na minha segunda separação usei ela como pivor pra provocar a situação final, nos encontravamos sempre à tarde, por que meu filho estava no colegio, entao não tinha risco de ele ver nada, mas acabou que nos afastamos, por que ela queria uma relação, e pra mim naquele momento não era o que eu queria, tinha que acabar de resolver minha vida antes de qualquer coisa para poder seguir tranquilo sem problemas.

Fiquei separado da minha ex até maio neste meio tempo minha mãe morreu ela foi muito filha da puta comigo, com minha mãe e principalmente com a minha filha, minha mãe e minha filha tinham uma ligação de outra vida tenho certeza disso era louca a loucura de uma pela outra, mesmo com toda a doença da minha mãe os poucos anos que elas estiveram juntas foram lindo cada encontro tudo era perfeito para elas era um mundo delas.

E a filha da puta da mãe da minha filha não deixou elas se despidirem, por raiva de mim, imperdoavel isso. Mas e como eu falo cada um paga seu carma.

Apos o falecimento da minha mãe eu viajei a trabalhoe nesta viajem realmente eu aloprei geral pequei geral foram 10 dias no nordeste maravilhoso e revigorante, para mi recomeçar a minha vida junto com o meu filho.

Nesta epoca, eu ja vinha em um processo de emagrecimento desde antes da separação por que se eu não emagrecesse, ia acabar não vendo meus filhos crescerem cheguei a pesar 170 quilos minha mãe morreu em marco eu me operei em maio fiz uma abdominoplastia para retirada de pele da barriga que ficou muito caída, eu já tinha um plano de quem cuidaria de mim e tudo mais, mas a mãe dos meus filhos viu que o jogo já estava perdido para ela, mas ela fez de tudo para ter uma chance.

Então por conta dos meus filhos acabei cedendo foi ela quem cuidou de mim no pos operatorio e acabou ficando, e este foi o meu maior erro, eu não queria mais já sabia que seria tudo igual que nada mudaria, mas mesmo assim paguei para ver.

Até que nos primeiros dois primeiros meses a coisa até melhorou realmente, mais depois do meu aniversario em agosto, na verdade, no dia mesmo em que eu fiz 40 anos à merda começou a desandar.

Minha ex noiva me ligou para me parabenizar, e ele pegou a ligação, cara na verdade, não foi nada de mais eu atendi até por educação eu errei por não ter falado antes com minha ex noiva, que eu havia voltado, mas eu na verdade não esperava que ela ligasse, fiquei com vergonha de falar a ela que tinha voltado, porque as coisas que minha ex noiva me contara que minha ex mulher fez com ela depois que Nós terminamos foram cruéis, e eu nunca soube disso até voltar a falar com ela até por que se eu soubesse tinha terminado na hora, e como eu digo sempre aprendemos algo, eu jamais teria tido filhos com um ser deste, uma Crueldade sem tamanho com outro serumano que estava sofrendo, e que não fez nada para passar por isso. Mas tudo bem as coisas ja tinham anos nada dava para mudar então eu fui culpado pela ligação dela.

Mas daí em diante começou o caos de novo não tive mais paz convivi 11 anos com uma pessoa que eu vim conhecer de verdade nos últimos meses, e após a separação definitiva, em abril de 2014 pqp, paguei todos os meus pecados.

Eu tinha reosolvido que não dava mais, e como eu sabia que ela me vigiava de todas as formas troquei msg com a mulher da primeira separação, fotos dela pelada conversa bem picante algo que sabia que ela não suportaria calada, e deixe pra minha ex ver, que ai eu tinha certeza, das duas uma ou ela se acertava procuraria ajuda ou meteria o PE.

E assim foi ela meteu o PE. graças a deus meu filho ficou comigo e tudo foi se ajeitando fiquei na merda de novo de grana sem poder trabalhar, com um filho pequeno proibido de ver a outra filha, por contas de uma lei Maria da Penha nas costas sem nada fazer, olha minha vida se trasformou em um inferno.

ENIGMA

Apois a separação, no dia que ela realmente saiu de casa, ela esbravejou uma praga puta que pariu e me deixou muito para baixo, mas para baixo mesmo, até meio em depressão, palavras dela: seu fim vai ser este aí nesta cadeira, velho, careca, acabado e sozinho ninguém mais vai te querer. Isso para mim foi uma bomba jogada no meu colo e eu não entendia o porquê, sempre fui um bom marido na medida do possível, um pai então nem se fala, mas ela pensava assim, porque eu não entendia. Apenas eu não queria mais viver como eu vivia infeliz, com uma mulher bipolar não vou entrar em méritos e detalhes das coisas, mais para mim, eu sempre fui a favor de ser feliz, e eu já estava infeliz há muitos anos, numa relação que não me fazia bem, e eu só estava nela, pelos meus filhos, por que não queria ficar longe deles por isso eu aturei muita coisa, mas até que vi que não fazia sentido viver daquela forma, então foi o fim.

Eu sempre fui à busca da felicidade era isso que achei que iria fazer, mas com as falas dela, na saída foi foda.

Bom assim foram apenas alguns dias até que um amigo me chamou para ajudar ele na mudança de casa, eu fui sem ânimo nem um, mas sem ânimo mesmo largado do jeito que eu estava todo mal arrumado, mas até então era apenas fazer a mudança fizemos a primeira leva e partimos para segunda, nem cigarro eu tinha levado, por que eram apenas duas viagens de carro só. Mas eis que na segunda viagem outro amigo dele liga para ele e diz que Iria fazer um churrasco cheio de mulher e o caralho meu filho com a gente implorei para não ir, mas não teve jeito o maluco era louco por estas porras como eu era quando tinha a idade dele. Só que eu não estava na mesma vaibe que ele juro não estava mesmo, bom fomos chegando lá realmente era mulher bebidas e coro comendo, até que eu estou ouvindo um burburinho, tem que ir pegar fulana, ela e a melhor está querendo vir, mas não tem como quem vai quem não vai eu estava de carona não conhecia ninguém nem dei bola deixei o barco corre.

Estáva eu na beira da piscina com meu filho conversando só nos dois de boa tomando uma cerveja ele no refri até que chega a tal da mulher, a mulher realmente a melhor de todas. Uma morena de cabelos pretos até a bunda mara-vilhosa, coloca mais maravilhosa nisso aí que ainda e pouco, eu olhei, mas nem dei bola, sabia que não era para mim, nem nos meus melhores tempos, mas como deus sempre olhou pelo papai aqui. Todo mundo chegando na mulher, mas a mina vem sentar a onde, do lado do pai aqui, eu nem abri a boca quieto estava quieto fiquei. Mas como ela percebeu que eu meio que caguei, ela me pede um cigarro para puxar papo, claro eu dei o cigarro a ela, então me perguntou, quem era o garoto, falei ser meu filho e conversamos um pouco, ela falou dos malucos, atras dela, eu nem aí cara juro, nem passava na minha cabeça que aquela mulher estava interessada em mim. Mas eu sou assim mesmo deligado tímido.

Ate que a mulher do meu amigo liga a traz dele, aí vem ele... vamos embora cara fudeu, eu falei tranquilo vamos e me levantei e fui saindo. Entrei no carro que Estava na garagem de boa, ate que ele me pergunta você pegou o telefone dela pelo menos, eu falei claro que não, ela só estava ali para fugir do assédio o maluco, você ficou doido me fez voltar e pegar o tel dela eu não queria de jeito nem um, mas fui forçado e voltei, inventei uma História para não passar a vergonha, mas não falei em telefone aí ele me chamou de novo Vamos, Vamos.

Eu me levantei aí ela falou, e serio que você não vai nem pedir o meu telefone, cara fiquei sem reação na hora dei meu telefone na mão dela e falei coloca aí. Ridículo mas este sou eu, ela colocou e ainda falou vou esperar, eu falei ok e fui em bora.

Fim de semana meu amigo queria ir a um pagode queria me levar de qualquer jeito, mas com meu filho não dava, ainda não me sentias confortável para sair assim com ele, deixar ele nem pensar, mas mandei uma msg sem pretensão nem uma para mulher.

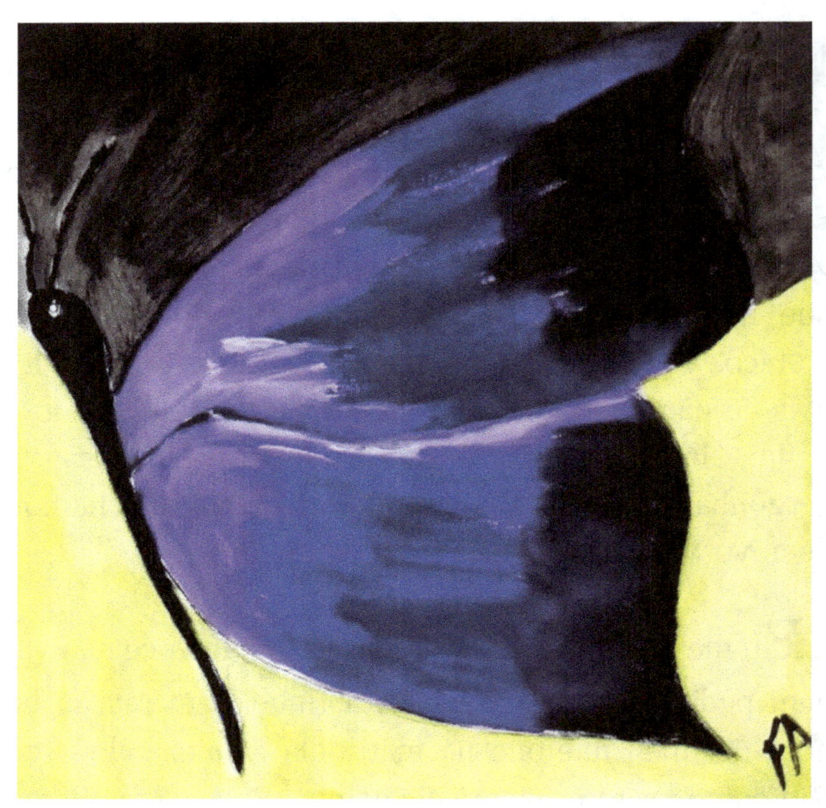

A BORBOLETA

Na verdade cara, mina mais nova eu com 40 anos ela tinha 20 anos sabe nada haver. Mas marquei de sair de dia mesmo, fomos à feira comer um pastel tomar um chope, quando a deixei em casa trocamos alguns beijos, fiquei com ela mais algumas vezes, mas não foi à frente, sabia que não iria.

Mas cara pensa num bem que isso me fez vocês não têm noção de como isso funcionou para mim. Então após a separação ela foi a primeira que eu peguei, e depois dela teve várias, sempre novinhas e isso foi me mostrando que mesmo com tudo que minha ex falou que me afetou muito no primeiro momento, passou a ser piada para mim, e ela sabendo de tudo o que estava acontecendo e cada vez mais puta comigo por que aí ela passou a ter a certeza que tinha realmente acabado e assim foi.

Eu voltei a viver a vida de solteiro a única diferença era que agora eu tinha meu filho comigo e ia para onde eu ia não ficava em baladas, mas saia até umas dez da noite avisava sempre a mulher que seria daquela forma sairíamos e voltaríamos, para continuar a beber em casa caso eles quisessem, e sai com muita menininha era o coroa e as novinhas, na época tinha a música putaria na casa do seu Zé que virou a versão putaria na casa do tio Frede e como teve putaria, muito bom.

Até que conheci uma menina uma graça meu filho se encantou com ela e ela com ele ficamo juntos por algumas vezes até pensei em assumir uma relação mais seria conheci os pais não tiveram nada contra mesmo que pela minha idade mais neste meio tempo meu filho deu uma surtada por conta do que ele estava me vendo fazer.

QUEBRA DE VIDA

Fui chamado na escola para conversar com a psicologa educacional na hora ate tomei um susto porque desde a separação para mim João que novamente havia ficado comigo não me apresentava nem um problema eramos e somos muito amigos, no entanto, que nas duas vezes ele optou por ficar comigo e não ir com a mãe realmente para mim um susto, bom reunião marcada e la fui eu saber o que estava acontecendo. Na verdade, meu filho tava surtado só que em casa ele não demostrava por que quando resolvi realmente colocar um ponto final com a mãe dele, eu conversei com ele e falei cara desta vez não tera mais volta diferente do que foi da primeira vez que sempre falei com ele que poderia sim, haver uma volta com a mãe dele ate então para mim, estava tudo bem. Mas não, a cabeça do moleque tinha pirado na escola chorava pelos cantos tristes nesta época ate que ele não teve prolemas com notas, mas a cabeça na merda então para não perder o costume dei uma cantada na psicologo que estava recém separa, mas não deu em nada kkkk.

Foi aí que realmente minha ficha cai meu filho não desgrudava de mim para nada presenciava tudo festa atrás de festa putaria em casa, o único lugar proibido era o quarto dele o resto não tinha problema nem um e ele vendo isso tudo sem poder falar nada porque, eu ja o tinha avisado de como seria ele realmente ficou mal.

Dei uma desacelerada e fiquei muito pensativo do que fazer como agir e a solução que encontrei de momento, foram parar com as putarias e respeitar o menino, era o mais coerente a fazer no momento, então resolvi não mais ficar em casa nos fins de semana se não iria cair na tentação era muita mulher e amigos, um entre e sai não ia dar certo, comecei a viajar com ele para Miguel pereira cidade que moro hoje, e assim o fiz sempre fins de semana estamos por aqui na casa de um casal de amigos, na verdade, mais que amigos amizade de mais de 20 anos hoje.

Lugar pequeno sem muita coisa para fazer isso facilitou a minha tirada de PE só que estes amigos têm amigos e amigas ne kkkkkkk.

E foi numa saída destas um show da Marrom, que conheci uma amiga deles, eu nem aí para esta porra resolvi ir de ultimas hora mesmo, o que eu queria era ficar na minha, mas a mulher estava La e investiu mesmo veio pesado para cima de mim não tive como correr.

Começamos a ficar só que a mulher queria relacionamento serio então eu não estava nesta onda de assumir ninguém, queria ter o tempo pro meu filho, entender melhor as coisas e aceitar com naturalidade que a vida ia seguir. Fui enrolando ela ate que ela deu uma surtada ai resolvi dar um fim com a história

Na verdade, da minha separação ate eu ter outra pessoa assumida foi tudo muito rápido foram meses só.

Mas cara foi muito intenso e continuei no processo fim de semana Miguel pereira para fugir das arma-dilhas, mas não adiantou nada, eis que me aparece outra amiga do casal esta considero o meu pior apren-dizado no O QUE VIM FAZER AQUI? pqp.

A FLOR

A vida e muito louca cara, e se realmente pararmos para pensar, tem coisa que nos aparece sem explicação, mas dias anos meses depois, se realmente pararmos para pensar tem uma lógica um por que.

Então estou na casa destes amigos, ate que me chega um amigo deles, ate ai ok ate por que a casa deles também funciona um restaurante maravilhoso por sinal, se algum de vocês algum dia estiver em Migue Pereira procure restaurante Dom Claudiu's, a melhor costela do mundo eu recomendo.

Ai começamos a beber nesta época eu estava beben-do muito, acho que na verdade, uma forma de me encontrar mesmo, estávamos conversando na sala bebendo, e minha amiga fala que daqui a pouco chegaria a ex do cara, para mim tranquilo não tinha expectativa de nada mesmo, ate que chega a mulher mais nova que eu claro kkkk alta, cabelos longos não e uma mulher bonita, mas exótica diria. Sentou se a mesa todos conversando, ate que me chega um convite para o Facebook. Aceitei ate sem maldade no primeiro momento juro, aceitei por aceitar.

Passado alguns dias, eu me lembrei da mulher falei, vou mandar uma msg para ver qual e, ate por que eu pensei porra por que mandar convite para mim se não tínhamos intimida assim, bom chamei no chat conversamos trocamos o zap e começamos a nos falar direto, ate que quando voltei a Miguel Pereira depois de algumas ida, sem nem ter marcado nada com ela, ela sabia que eu viria marcou de irmos comer um lanche perto de casa mesmo com as crianças. Ela tem um menino também um ano a menos que meu filho só que o garoto na época não aceitava, nem uma outra relação da mãe, sem que fosse com o pai dele.

Eu ja sabia das histórias e entrei nesta para me fuder mesmo, e foi isso que aconteceu nesta história. Eu me fudi todo de verde amarelo azul e branco pqp depois desta vez a próxima ja foi de pegação e foram algumas vezes sempre dentro do carro escondido, porque o filho não poderia saber etc.

Só que ela tinha uma relação, e estava meio brigada, eu sabia de tudo e me fudi por que eu quis, na verdade, não porque eu quis e sim aí esta mais um O QUE VIM FAZER AQUI?

Resumo isso foi em 2014 no ano da copa acho que e isso começamos a ficar no primeiro jogo da copa sei que em setembro de 2015 eu ja estava morando com ela na casa dela.

Ai estava confirmado, a maior merda que fiz na vida depois de tantas ja feitas ate aqui.

Nesta época meu filho tinha dado uma surtada à mãe chantageou ele disse que iria fazer acontecer, dar às coisas para ele e ele resolveu ir morar com ela, eu sempre deixei meus filhos à vontade em relação a isso, são meus filhos e nunca vão deixar de ser, mas em fim.

Ele foi para a casa da mãe. Eu morava em realengo nesta época tinha uma casa aluga la, só que sem meu filho passei há ficar muito tempo em Conrado, Miguel Pereira, então a casa ficou largada em realengo.

Em setembro fui morar com ela em dezembro, olha escrevendo este livro vejo que na minha vida, dezem-bro e fundamental para eu me fuder kkkkkkk, ainda tem mais acontecimentos para este mes.

Fechei a casa entreguei e vim embora de mudança trouxe tudo e coloquei na casa dela. Sim, eu fiz isso ja não tinha ficado com muita coisa porque minha ex-mulher tinha entrado na casa, e feito à limpa. Como falei fim do casamento foi punk, então morando com ela ai sim, começou meu carma a mulher surtada depressiva olha quase uma louca, bem diferente do que eu conhecia nos meses que ficavamos, era sempre indo e vindo brigavamos, ficava sem se ver sem se falar, mas não demostrava nada de loucura, como vivenciei morando com ela kkkkkkk.

Tentei ajudar e ajudei ate onde eu pude, vou falar para vocês foi a pior relação que eu tive na minha vida toda, e olha que só estou colocando algumas delas aqui e não foram poucas não, mas em dezembro, de 2015.

Eu confirmei no dia 31 isso mesmo, confirmei o que eu ja sabia, ela ainda tinha contato com o tal ex namo-rado, enquanto ela jurava que não tinha mais. Eu peguei uma msg dele para ela tipo msg que se manda para uma puta, vagabunda, rameira sabe e ela sempre se fazendo de puritana minha reputação na cidade na verdade tudo fachada.

Por que por mais que nesta altura vivíamos mais como amigos do que como um casal, por que a mulher era porca, surtada etc era foda, olha pqp paguei meus pecados todos.

Eu ainda morava la então ela não deveria receber o tipo de msg que recebeu, mais a minha fixa caiu. Relação de merda meu filho nesta altura ja avia voltada a morar comigo e não a suportava de jeito nem um, ela com esta falta de respeito. Eu falei tenho que sair desta desgraça, e agora.

Mas cara eu tentei ir embora no dia 1 de manha peguei o papo na madrugas, mas no dia seguinte, ela tanto vez que eu acabei ficando, sem querer ficar mais fiquei. Aí pesou varias coisas tipo na época sem trabalhar com falta de grana agora com um Filho de novo, como eu iria fazer para poder sair da situação, que eu mesmo havia me colocado.

Acabei cedendo no primeiro momento, por que era o mais sano que eu poderia fazer, mas com a certeza, que eu tinha que mudar a situação o mais rápido possível, por que era insustentável o que eu estava vivendo.

Bom comecei a correr atraz de meus contatos e consegui fazer uma produção em maio de 2016 levantei uma grana nestes shows não era muito, mas ja tinha alguma coisa, fui à casa dos meus amigos pedi arrego para eles, claro que prontamente me abriram as portas da casa deles e assim fiz.

Cheguei no domingo e domingo mesmo, eu conversei com eles novamente e confirmei a minha ida na segunda bem cedo.

Na segunda bem cedo antes dela acordar eu ja estava com o que eu precisava levar de imediato na varanda.

Acordei-a e falei fui.... e assim o fiz, falei que deixaria as minhas coisas la ate eu alugar um canto com meu filho, só que ela foi filha da puta comigo, ficou com tudo meu não me devolveu nada, mas tudo bem ta pago sei que esta na outra vida não venho resgatar nada, gracas a deus. Bom e assim foi fui morar com os amigos tinha total liberdade na casa deles.

Só que eu estava quebrado claro que ajudava como eu podia, mas eles sabiam que eu estava na merda eu ja tive uma condição foda de grana.

A VOZ

Mas apos a separação as coisas ficaram muito ruins para mim briga na justiça por filhos bens, etc. uma merda, mas eu ja havia feito muito por eles e eles bem ou mal reconheciam isso tudo que eu ja havia feito por eles.

Bom nesta época morando La que escrevi meu segundo livro o amor reprimido, que ja falei anteriormente sobre, eu me aprofundei neste livro o que me fez muito bem muito mesmo, ate que aparece outra amiga dos amigos.

Eu na mesma não querendo nada com nada de relação, nem de casa eu saia mais, isso era o que eu achava ne. Uma mulher que vou dizer para vocês, não sei o que ouve!! Mais tenho a certeza que era mais um, O QUE VIM FAZER AQUI?

Não era meu tipo, nada a ver comigo, mais velha do que eu uns 4 anos eu acho, uma mulher que te digo em outra situação eu não olharia, mas não sei por que olhei kkkkk e gostei dela, acho que por carência do que eu estava vivendo no momento e como estava escrevendo o livro sei la de alguma forma ela me chamou a atenção, mas em fim.

A mulher era um nojo marrenta, cheia de relações fracassadas como eu, mas eu tenho este defeito tudo que não me quer eu quero, e pior eu consigo kkkkkk e me fodo, e ela foi assim não queria não queria, mas ate que cedeu.

Lembro que antes de ficarmos, conversamos muitos dias seguidos depois que eu consegui vencer a barreira que ela havia emposto entre-nos. Foram dias e dias de horas e horas ao telefone conversamos sobre tudo, principalmente sobre o livro e sobre a vida ate que no dia do aniversário da minha amiga ela era uma das convidadas, na madruga demos o primeiro beijo posso dizer que a partir dai ele acabou meio que me influenciado nas histórias do livro.

Ela tinha uma filha e nois nos dávamos muito bem à menina e um anjinho, a minha relação com ela não foi duradoura foram seis meses mais ou menos, mas muito conturbada e também proveitosa para mim um super aprendizado do O QUE VIM FAZER AQUIA?

Por que envolveu a minha amiga e foi foda elas eram muito amigas, mas com o meu namoro, eles se afastaram acabou a amizade delas, a minha amiga vou te dizer surtou, e com este surto ela acabou me fodendo também, não só nesta relação, como na passada.

Ela tem culpa da maluca ter ficado com as minhas coisas, foda. Mas com isso eu aprendi tirei varias lições que a frente na conclusão do livro, vou falar de cada uma delas de todas as coisas que aprendi com cada relação destas que tive.

E claro que não foram só estas, mas acho que esta foram as que mais eu pude aprender.

Bom com estas confusões todas não tive outro jeito, acabei que no fim do ano, resolvi sair da casa dos meus amigo, eu só tinha a roupa do corpo minha e do meu filho.

Foi foda ir para onde, na casa dela nem pensar, não tinha ipotece, ate por que eu ja sabia que não iria à frente esta relação. Mas ate vou dizer que cheguei a acreditar que pudesse melhorar me afastando da onde eu estava morando. Eu posso dizer que estar morando na casa dos meus amigos, era 50% de culpa das desavenças entre mim e ela, mas não era só isso.

Vou falar aqui, sou grato de mais a ela por que sem ela eu não conseguiria fazer este movimento, por que eu estava mais fudido do que antes, as coisas ainda na justiça eu sem trabalho, não foi fácil não.

Ela não me ajudou financeiramente, mas moralmen-te. E assim que eu arrumei um lugar, ela me deu algumas coisas de casa que me foram muito uteis, para poder seguir eu e meu filho.

Fui morar em uma pousada em Portela um bairro de Miguel Pereira ja mais perto do centro da cidade e tal, era um quarto com banheiro e uma cozinha era legal, por que era meio independente da pousada, tinha uma entrada separada para acesso do meu quarto, tinha garagem era tudo muito pratico, e eu ainda tinha toda a estrutura da pousada ao meu dispor, lavagem de roupa limpeza do quarto, podia usar as dependências da pousada bar, restaurante, churrasqueira, piscina e etc. Assim fique ali, e ela na casa dela sempre juntos, mas cada qual tinha sua casa.

O GIRASOL

Ate que eu percebi um movimento de se juntar de morarmos juntos, e tal. Mas estes pensamentos não me deixavam confortável, mas conversávamos sobre isso ate que resolvi tirar a prova dos nove, para ver como as coisas poderiam ser.

No carnaval minha filha, viria passar um tempo comigo as férias, aí combinamos de nestes dias ficarmos todos juntos na casa dela, e assim foi.

Mas ja no primeiro dia à noite eu meti o pe, com os meus filhos de la, e terminei a relação ali, naquele dia. Acho que ela não havia levado muito a sério, mas não a procurei todo o tempo que minha filha esteve por aqui, porque o problema foi com minha filha, e a filha dela. Entendo que realmente minha filha era um pouco chata carente de atenção, de mim principalmente, mas neste dia teve um meio que desentendimento leve na casa dela com a minha filha, e a dela para mim, foi à gota da água e dei o fim.

Passou os dias ate que ela me procura puta da vida, querendo explicações, etc. não tinha explicações a dar, cara era isso e ponto. Só que eu acho que ela achou que eu ficar a traz dela como um cachorrinho abandonado, como os outros namorados, maridos ficavam, e verdade a gente tinha química isso tenho que concordar, mas não deu para evoluir a um amor acima de tudo entende e depois disso nunca mais nos falamos perdemos o contato total. Ate por que eu sou assim, acabou sem contatos ou recaídas tirando uma ou duas situações, ja faladas aqui.

Foi isso continuei tocando minha vida eu e meu garoto, que ja estava virando um homem aprendendo e me ensinando muito.

Ate que conheci mais profundamente, as redes sociais e as de relacionamentos, comi muita gente neste período viu.

Mas vou te falar nunca sai de casa para fazer isso, quem quisesse que viesse e me surpreendi foram varias e varias mulheres, teve também as de longe o tal do sexo pelo telefone algo bizarro, mas diria funcional, teve mais umas duas amigas de amigas, mas nada tão serio, ate por que eu ja tinha resolvido que na minha, vida seria viver solteirão, com o meu filho.

Ter relações sexuais para mim, ja era o suficiente não estava tao apegado assim ao sentimento e mentalmente estava bem resolvido quanto a isso saco.

E assim foi por meses a putaria de volta, mais desta vez um pouco, mas velada no caso, mas meu filho ja entendia melhor, que a vida uma hora iria seguir tanto para ela, quanto para mim.

Um ano depois tive que sair da pousada onde eu morava ir para um outro lugar era muito desentendimento com o novo dono da pousada um velho português mais louco do que eu kkkkkk puta que pário.

Mudei para um lugar bem legal aí ja era quarto cozinha e banheiro tudo grande, mas estava com um problema na pousada eu tinha moveis que ja fazia parte do local e como eu faria para me mudar, mas graças a Deus, o filho e a esposa do dono da pousada me ajudaram sou muito grato a eles e sempre serei. Sabe aquele casal que você olha e fala porra estes nunca vão se separar, mas há pouco tempo soube que eles estão separados uma surpresa para mim eu juro.

Então nova casa novos ares comecei a trabalhar com uma das minhas paixões que e cozinhar então as coisas não era mil maravilhas, mas dava para ter um pouco mais de conforto aí comprei geladeira, fogão e outras coisas para casa e fui levando a vida desta forma contatinhos para as necessidades e era só.

Acho ate que este dia foi o dia mais importante da minha vida e que hoje me faz pensar muito sobre o tal do O QUE EU VIM FAZER AQUI?

Com mais frequência não que eu não pensasse sobre, mas no último ano e com os acontecimentos isso passou a me levar a pensar muito sobre.

Entao vou para a última relação e espero que realmente seja a ultima esta que estou vivendo neste momento e tenho a certeza que de longe, mas de longe mesmo a que mais me ensinou e me deu o entendimento do O QUE VIM FAZER AQUI?

PULSAÇÃO

Vou detalhar um pouco mais esta relação e de como começou por que acho que de fato hoje aos meus 50 anos de vida posso falar que realmente eu acho que sei o porquê de estar aqui.

Em agosto de 2018 a mãe dos meus filhos resolve ligar-me para conversar, algo que ela sempre quis, mas para mim isso não era e nunca foi e acho que nunca será uma opção, ser amiguinho de ex principalmente dela perguntas nas qual ela ja tinha a resposta, mas, pois bem a partir dai as coisas ficaram definas que seriam resolvidas de forma amigável mesmo que ainda o processo de separação e divisão de bens ainda continuasse em andamento.

Isso me deu um novo animo, pois, este era um fator que me travava neste momento da vida com isso voltei afazer planos pensar em futuro então comecei a resolver as coisa.

Não sei por que ao certo no dia 26 de novembro de 2018 resolvi ir ao banco do Brasil no centro de Miguel Pereira, entrei na agência sentei esperando ser atendido ate que me entra uma mulher loira linda cara fechada e se senta a traz de mim 2 fileiras, cara de certa forma não conseguia parar de olhar para trás, mas ela de cara fechada seria ao telefone, pensei comigo deve esta brigando com o marido namorado ficamte sei La.

Fui chamado para o atendimento lembro serem duas mesas sentei e coloquei-me de lado para poder ficar olhando para ela, ela ainda sentada aguardando ser atendida ela foi chamada para mesa ao lado da minha só que eu estava de costa no caso por ter tentado ficar olhando para ela anteriormente. Mas para mim, foi bom por que pude ouvir a conversa dela com a funcionária, ali descobri que ela era separada esta abrindo a conta da pensão dos filhos descobri que ela era de Conrado um bairro aqui da cidade onde, eu ate ja havia morado, bom pesquei todas as informações que eu precisava ali só de ouvido kkkkk.

O atendimento dela acabou primeiro que o meu e ela foi embora me deu uma sensação de vazio queria sair dali o mais rápido possível e tentar vela pela rua sei La, acabou o meu atendimento peguei o carro e fui embora pelo tempo imaginei que ela não estaria mais por ali, mas engano o meu ela estava ao tel. Na frente do fórum pensei vou para, mas como não era muito a minha forma de abordar e eu tinha certeza que ela nem em mim, reparou apesar de ter se metido na minha conversa com o atendente kkkk, mas resolvi ir embora.

Na minha Cabeça eu ja tinha a missão achar esta mulher de qual quer forma na rede social, morava em Conrado óbvio que tinha alguém em comum nas nossas relações de amizade. Cheguei em casa lembro bem fui pro Facebook e comecei a buscar uma busca sem parar, ate que achei demorou um pouco achei uma foto dela, na página de um conhecido meu em um shopping com um grupo de pessoas bom sabia que ela era casada pensei que era ate com este conhecido, mas não me fazia sentido o cara era noivo de outra, mas sei La era ela. Convite mandado e msg no chat, agora era aguarda para ver e no que ia dar ate que em 27 de nov, ela aceita a solicitação e responde no chat o meu coração na hora ficou em alegria, conversamos rapidamente por ali ela estava no trabalho eu mandei o meu zap, mas achei que ela nem daria bola na época ela com 33 eu ja com 46 achei não vai dar em nada, mas pelo contrário mandou msg um oi apenas no zap, e ficou por aí.

Pensei comigo se deu o zap e por que da para dar uma investida e assim o fiz chamei conversamos e a coisas foi se estreitando um papo sadio descobri quem era ela eu ja havia a visto duas vezes aqui uma onde ela trabalhava, e da outra vez, ela estava com os filhos e o marido inclusive, cheguei a comentar com a mulher que eu estava que ela era muito bonita.

bom o papo vai o papo vem eu queria marcar de vê-la logo sei que, ela me enrolou por 11 longos dias, ate que isso acontecesse eu ja apaixonado. Ate que dia 8 de dez ela tinha que sair uma formatura para ir eis que ela me manda uma foto dela toda linda maravilhosa como e ate hoje, meu presente de Deus, com uma calça branca linda muito linda e o otário aqui acho que a porra da foto era exclusiva para mim, quando vi que não era fiquei puto, mas pensa, num cara puto para caralho, com ciúmes de uma mulher que ele apenas conversava ao telefone kkkk.

Ridículo eu, Frede sendo Frede, lembro que naquela noite não falei mais com ela ate o outro dia, não respondi mais a ela no sabado a noite, estava puto, fiquei puto mesmo.

No domingo pela manha ela mandou-me mensagem, era domingo dia 9 de dezembro meu filho ia para a casa da mãe de férias e eu ficaria livre, mas neste periudo de 27 de nov. A 9 de dez não falei com ninguém não conversei com contatinho nem um nada era só ela, e ela não saia da minha cabeça. Foda e enrolando-me todo o dia era uma desculpa para marca de me Ver, mas ate que ela fala mais tarde se der vamos no ver, criou a porra da espectativa na minha cabeça, mas ate que neste dia ela realmente marcou, 17 horas estava marcado.

Bom isso era de manha sei la umas 11 horas, a porra da hora não passava, eu louco para chegar a hora procura roupas para poder ir me encontrar com ela. Eu so andava largado as minhas roupas de sair tudo guardada cheirando a mofo kkkk, eu estava na fase do se quiser que venha, lembra que falei a cima das redes de relacionamento, então cagava para esta porra de estar arrumado ou não, mas com ela tinha que ser diferente.

Bom roupas escolhidas o meu filho foi com a mãe para a casa dela, ela marcou um pouco a frente da casa dela por que não queria que ninguém visse a gente por conta de estar recém-separada, filhos, etc.

Ok parei onde marcamos, ate que olho no retrovisor e vem ela com um jeito de sebosa, resmungando pensei pqp onde fui me meter entrou no carro beijo no rosto, eu ja pensando esta porra não vai dar em nada, Só pela marra dela. Eu rapidamente formatei na minha cabeça as minhas ações, parar o carro em lugar afastado, e assim que parar atacar, tipo ou vai o racha saco, achando que iria rachar e claro.

O CAVALINHO

Mas ate aí tudo bem voltaria paras amigas dos (apps) de encontro não poderia perder era o tempo que eu ir ter sozinho, em casa sem o meu filho.

Ok carro parado e logo parto para beijala ja achando que ela iria virar a cara, mas estava preparado, ataquei e ela correspondeu.

Aí meus amigos, ai fudeu bateu a porra da química do beijoconversamos beijamo-nos varias vezes e foi mara-vilhoso.

O lance que era para ser de 1 horinha durou quase 4 horas juntos, bom de mais, posso garantir. Eu agi com respeito não tentei nada tudo sucegado, bom nos despedimos não querendo se despedir. Mas fui embora ja pensando no próximo encontro e claro. Conversamos por horas no domingo e na segunda, era o dia todo se falando, na segunda à noite combinamos de ela subir para a minha casa, era folga dela, ela iria para la pela Manhã, mas não poderia demorar por conta dos filhos, que chegariam da escola e tal.

Assim foi terça-feira, 11 de dezembro de 2018 as 9 e pouco da manha chega ela, eu ja Ansioso lembro bem, eu parecia uma criança. Bom ela chegou, fui buscá-la no portão, entramos nos beijamos, e claro que era obiveo o que ela foi fazer la, só que assim que vi que a coisa ia esquentar parei tudo, eu sou muito louco reconheço e mandei, não passara disso de beijos, se você não aceitar namora comigo, nesta altura eu ja estava apaixonado, caralho não queria só uma trança e isso para mim era fato. A mulher ficou doida kkkkk quero namorar não, você e louco, acabei de separar-me vou curtir não, não quero, e eu na minha ja tinha falado que não seria diferente, se não aceitasse não passaria da onde ja tinhamos chegado aos beijos quentes, não queria só uma trança e isso na minha cabeça era um fato, depois de algum tempo ela acabou que cedeu, aceitou a namorar e ai aconteceu.

Olha meus caros, a casa nem caiu, a casa para mim, desabou amigos, ai para cima tem algumas mulheres que eu tive isso foi as que eu me relacionei mais de uma vez, mas que foi só trepada tem muitas e vou dizer muitas mesmo, o que Vou falar aqui não e para me gabar não, mas lembro que desde a minha entrada para o Dr Silvana no ano de 1989 ate sei La 96, quando parei de usar drogas,, não lembro de ter ficado um dia sem trançar às vezes ate com mais de uma em um dia, não porque eu sou o cara, mas pelas condições da vida, ou eram mulheres que eu ja conhecia ou conhecia na noite, ou eu pagava mesmo, então não foram poucas as que passaram na minha cama. Mas esta, a esta foi diferente, nunca na minha vida havia sentido o que senti com ela, caralho foi magico coisa de outra vida sei la nunca nada igual tinha-me acontecido nestes meus 46 anos pra traz.

Juro foi tudo perfeito, parecia que ela tinha sido feita para mim, perfeita tudo foi perfeito, manha inesquecível sem palavras. E foi isso ela foi embora, ate então estávamos namorando. Lembro que na quinta-feira dia 13 de dez ela estaria de folga de novo eu não sabia, por que ela não falou nada de folga, e não aviamos marcado nada, mas ela e foda, na quarta feira a noite ela manda-me um cao de que uma pessoa vai passar La em casa, para deixar um negócio, para eu entregar para ela não entendi nada, mas ate aí tudo bem falei tranquilo, eu pego e entrego-te sem problemas ela disse que seria cedo por volta de umas 8 ou 9 horas que quando a pessoa chegasse avisariame para que eu fosse buscar no portão, ok.

Estou esperando, ela liga-me e fala a pessoa, esta ai no portão com o pacote você pega para mim, quando eu abro a porra do portão quem e que esta no portão a louca kkkk, sou eu o seu pacotinho.

Bom aí você imagina a felicidade de um homem multiplica isso por sei La quanto, mas foi isso outra manhã magica sem ter como descrever o que acontecia nestes momentos, mas isso me deu meio que uma tranquilidade, por que se ela fez isso e por que também gostou nê.

E vem fim de semana, marcamos dela passar o sábado e domingo comigo na minha casa fui buscá-la depois do almoço, e fomos para casa, fim de semana de casal, fim de semana foda, fizemos amor mais de 10 x não vímos a hora passar, foi tudo de melhor que poderia acontecer na minha vida naquele momento, nunca na minha vida havia vivenciado com uma mulher em 2 dias tanto prazer, era algo inesplicavel o que aconte com a gente e isso e ate hoje pelo menos pra mim.

Bom entre a gente tudo ok, mas tinhamos um problema ela tem 2 filhos, esta recém separada, e os filhos não aceitavam ainda a separação, este era um grande problema sem dúvida, ate pela mãe que ela e, uma mãe foda um dos filhos, estuda com o meu, e não se bicavam de forma alguma, personalidades totalmente diferente não se davam bem na escola imagina conviver o dia a dia, o outro o menor agarrado com o pai para caralho, sabia que seria um problema isso, para relação ir à frente.

O mais velho logo que soube, estavamos nos falando, crio logo um perfil fake no Facebook, para atacar-me kkkk foi louco. Mas tinhamos que ter sabedoria para lidar com a situação, se era isso que queríamos.

Bom meu primeiro contacto com o filho mais novo, foi porque ele passou mal, teve uma crise renal, e eu vim para socorrê-lo ate o hospital para eles não irem de onibus, ate que no primeiro momento com ele, foi bem tranquilo, ja o outro não podia nem ouvir falar de mim, mas também, o nosso primeiro contato de fato foi de ter que socorrê-lo ao hospital também passado mal.

Mas ele calado foi e calado voltou antes disso teve um sábado que vim à noite para ficarmos juntos, tentar fazer uma noite agradavel com eles, jogar o tal do uno ele nem apareceu, ficou me vigiando pelo Muro, ja com o mais novo o tranquilo começamos a nos relacionar bem.

O tempo foi passando viria o natal eu ja havia falado dela para a minha filha, a minha Filha sempre muito ciumeta, em relação a mim, mas ate que por foto gostou dela. E vem final de ano as festa chegando.

Bom a minha filha, iria vir para passar comigo, o meu filho era ano dele passar com a mãe então, ficou combinado que natal ela passaria com os seus filhos, em família, e eu com a minha filha em casa e no ano novo, os meninos iriam para o pai deles, e ela viria passar o ano novo comigo.

FLAMINGO

E assim foi dia do ano novo a minha filha e ela entenderam-se muito bem, neste primeiro momento ate por que como a minha filha ja sabia que eu era um, pipa voando do caralho não achou que a coisa poderia ser seria, mas ate aí tudo bem, passamos o ano novo no lago de javary um lago lindo, que tem aqui na cidade de Miguel pereira.

Exatamente na virada do ano, eu pedi a deus esta mulher para mim, que eu queria que ela fosse à última mulher da minha vida. Lembro-me bem disso isso me marca muito por que era realmente o que eu queria e quero ate hoje que ela seja a última mulher, ao meu lado, vocês ainda não têm o tamanho da importância desta mulher na minha vida hoje.

Com isso dias foram se passando as coisas se acertando, lembro brigávamos muito após a virada do ano, era um termina hoje volta amanha do caralho. Mas íamos indo, aí vem carnaval íamos passar o carnaval juntos, os filhos ja me aceitando com restrições mais aceitando nesta altura eu ja dormia na casa dela, quarta-feira de cinzas ultimo dia de carnal fui embora tranquilo, ate aí tudo bem.

Eis que na quinta-feira, a porra da mulher surta, mas surta mesmo, eu ate então não to sabendo de nada, a mulher se vira para mim e diz que vai sumir na quinta e só volta no domingo, eu caralho o que aconteceu, ela nao me deu muita explicação e passou a não mais atender ou me responder no telefone, mas não tinha muita explicação, apenas que era isso que ela ia para casa de uma miga em campo grande.

Cara eu não entendi nada, mas ok ate que desconfiei da história por que, por mais que ela estivesse na casa de uma amiga ela poderia falar comigo, mas ela não queria nem isso, então o macaco velho aqui, desconfio tinha caroço nesta porra de angu, a se tinha.

No sábado a minha sogra chega, e tive mais informações, e deduzi que ela estava com outro homem. Aí no sábado sabendo que eu esta por conta do caralho, ela resolveu falar comigo ao tel. ate que eu ouvi o latido da cachorra, a nossa nina perto dela, e ela havia dito que a cachorra estava com os filhos na casa do ex-marido, cara nesta altura eu ja estava totalmente desconfiado de que ela estava com as crianças e com ele, ela do outro lado desesperada por que sabia que eu estava muito puto, nesta altura eu ja tinha a certeza de tudo, pedi a localização para ela, de onde ela estava ela não quis dar-me, por que eu ia a trazer dela para tirar a prova da verdade.

Resumo ela viu que ia dar merda, parou de falar comigo no sábado. Eu decidido que para mim era o fim que aquilo era inaceitável, e assim foi fim de sábado não a respondi mais. Eis que vem domingo, fim da tarde, ela liga-me como se nada tivesse acontecido, cheguei, eu mandei logo um, fodasse.

Cara eu estava revoltado e não queria mais, não tinha um porque ela ter feito o que fez, ate que o filho mais velho dela, manda-me msg e diz que ela estava mal que queria se explicar e tal, mas eu estava irredutível por não saber da verdade, mas acabou que ela me convenceu, a ouvir o que ela tinha para falar.

Na minha cabeça era um ok, acho que todo o mundo deve ter a chance, de se explicar. Resolvi descer para gente conversar e assim o fiz desci conversamos ela contou-me tudo o que havia acontecido, ela realmente viajou com o ex-marido e os filhos passaram o fim de semana juntos, por quer ela disse precisar disso, para decidir o que iria fazer da vida dela, mas que ela não parou de pensar em mim um minuto, que tinha sido um fim de semana de merda, que realmente ela conseguiu ver que a relação deles havia realmente, chegado ao fim.

Quando eu a conheci realmente ela tinha menos de 2 meses, separada ela disse-me que os próprios filhos viram que não tinha mais jeito que eles brigaram o fim de semana todo, tem uma coisa que nunca vou saber, por que nunca perguntei e ela nunca me falou se ela trançou ou não com ele no período. Mas para mim isso era o que menos importava, eu estava puto.

Bom ouvi tudo, e não falei nada, fui embora como quando cheguei, para mim ali tinha acabado a minha história com ela. Cara, a coisa entre mim e ela era tão seria para mim, não sou de muitos amigos, hoje têm poucos, mas eu cheguei a conversar com eles sobre o que estava acontecendo comigo, amigos que me conhecem há anos e sabem da minha vida de putaria e tal, e sabe que para mim com ela tinha sido tudo tão, diferente especial, ate que um amigo conversou comigo e deu-me uma clareza na coisa, e a partir dai comecei a ver de outra forma, o que tinha acontecido, mas relutante em ceder.

Lembro que ficamos alguns dias sem se falar, ate que resolvi aceitar, a conversar novante com ela e nesta conversa vi realmente que ela esva falando a verdade dos seus sentimentos. E voltamos naquele momento.

Aí ja foi diferente, não tinha mais o termina e volta era uma relação tranquila com o passar dos dias, eu ficava mais na casa dela, do que na minha, e em maio vem aniversario do mais novo e logo em seguida o dela, lembro que vim para aniversario dele e ja fiquei pro dela, foram acho que uns quinze dias, eu na casa dela.

Nesta altura os nossos filhos ja achavam que nos deveríamos morar junto à mãe dela também achava isso. A minha sogra, que tenho um carinho muito grande uma mãe para mim, enche-me o saco perturba-me, mas a amo como mãe e sogra em fim.

Resolvemos se juntar e assim foi entreguei a casa que morava com o meu filho, não tinha muita coisa, trouxe o que era mais necessário, o resto deixei para trás com o proprietário que se tornou um grande amigo ate hoje, o seu Romeu para mim o famoso memeu.

Ai começa uma nova fase, fase está conturbada a de acertar as coisas na mesma casa o mais velho e João, começaram se bicar não se davam mais bem, como quando eram apenas finais de semanas, olha complicado foi foda, mas acho que esta faze foi de grande aprendisado para nos 5, por que era uma adaptação, de duas familias se juntando, e passando a conviver na mesma casa o tempo todo, e não tinha mais como correr, eu ja não tinha mais a casa pra voltar.

Os primeiros meses foi realmente um aprendisado para geral. Mas aos pouco, as coisas foram se ajeitando, como disse personalidades diferentes a casa era apenas de dois quartos para 3 meninos um mais, organizado outro mais bagunceiro ai e foda, mas as coisas ao pouco foi se equilibrando, ate que hoje graças a deus as coisas estão bem mais tranquilas.

A casa tem 4 quartos cada um tem o seu nesta questão hoje esta tudo ok. Então logo após eu mudar-me acabei de resolver, a minha separação divisão de bens, etc, eu tinha um plano, de fazer uma coisa, mas acabei que mudei de planos, coisa que nunca havia feito na minha vida inteira, eu sempre, sempre a minha vida inteira queria aos 50 anos, não fazer mais nada na vida viver a vida e só, não queria mais trabalhar, por que faço isso desde os meus 8 anos de idade, mas as coisas não foram para este caminho.

Resolvemos montar uma farmácia, que e o ramo da minha mulher, hoje ainda assim preciso não que sempre, mas estar com ela na farmácia, o que no caso eu ja não queria mais, mas como decidimos isso ela toca a farmácia muito mias do que eu, mas eu às vezes tenho que ficar la. Olha hoje ate lido melhor com isso, mas ja foi bem pior.

Bom antes de montarmos a farmácia resolvemos tirar umas férias, viajar no meio do ano, ja estava com uma grana no bolso, as coisas ja estavam melhores financeiramente ja tinhamos engatilhado o que iríamos fazer e tal e assim fomos nesta viajem, quem foi com a gente foi minha filha e o meu filho ficou com a mãe.

A viagem foi uma merda como falei o que era bom entre minha mulher e a minha filha, tornou-se algo insuportável, tenho que reconhecer parece que ela veio mandada pela mãe, para acabar com a minha relação, e olha que ela quase conseguiu pqp.

Foi só stress, da minha mulher com a Lolo, a Lolo com as outras crianças, sem problema algum no inicio depois tambem deu merda, por que fomos em famílias, foi o tio da minha mulher com os filhos e esposa tambem, passamos uma semana La, na casa deles, em Unamar.

O mesmo lugar onde ela havia ido passar o fim do carnaval com o ex, sei la parece que tudo ali era ruim tanto, para mim como para relação. E assim foi a primeira das ferias frustrada uma merda.

$\mathbf{A}$ relação quase acabada, mas conseguimos seguir enfrente logo apos, veio à preparação para abrir a farmácia inaugurada em outubro de 2019 tudo indo bem graças a deus vem, ferias de fim de ano e la vamos nos, viajar de novo, para Unamar, cabo frio. Ai Ja foi o João com a gente, foi uma merda de novo brigas e mais brigas, mais aí só eu ela mesmo, não tinha filhos envolvidos não, não sei se ate aí aquele lugar de alguma forma fazia-me mal, pelo que ali se passou entre ela e o ex, sei la.

$\mathbf{M}$as estou colocando isso para vocês entender a minha evolução do O QUE VIM FAZER AQUI?

$\mathbf{E}$m 2019 também começamos a ajeitar a casa colocar churrasqueira, dar uma geral para gente ter mais conforto, para as crianças, poderem ter um lugar legal para curtir chamar os amigos etc.

Com isso a relação da minha mulher com a Lolo, se tornou uma merda, e eu no meio disso, foda isso para mim a mulher da minha vida e a minha filha, como falei em outra relação por menos do que acxonteceu na viajem de ferias eu chutei o balde, e desta vez eu tinha que me mudar não podia ser mais desta forma ligar um fodasse, pra mulher da minha vida, e ficar com minha filha, eu tinha que contornar esta situação e fazer elas se entenderem, mais como logo eu o despreparado para isso olha foi punk o negócio, isso eu posso dizer.

Aí vem à porra da pandemia, olha tudo para esta relação afundar, e assim quase foi por algumas vezes, isso eu te garanto, mas este processo todo e o grande lance do O QUE VIM FAZER AQUI?

E assim foi quase morri desta porra de covid fiquei mal para caralho, descobri após ir a Unamar que estava com esta merda, hoje ate que ir à Unamar não e mais stressante graças a deus e um lugar que eu particularmente, amo ir. Unamar hoje, ja tem muitas histórias boa para cotar de La. Hoje passou mais um ano e vamos vivendo em 2001 começamos a reforma da cozinha e transformar a casa em 4 quartos que e como e hoje, com esta crise de pandemia, etc.

A farmácia não esta indo de vento em poupa, mas estamo resistindo, e vamos levando em frente.

Às coisas hoje são de uma falsa calmaria, poderia dizer assim, mas acho que e aonde eu chego ao entendimento do que se trata o livro.

O GOLFINHO

A Lolo e minha mulher hoje ate que na medida do possivel uma relação boa e melhora a cada dia, inclusive com a lolo falando ate em vir morar aqui, conversa muito e e a juliana o nosso meio campo para algumas situações.

A minha relação com as crianças, poderia dizer que e maravilhosa amo eles como os meus filhos, então eu tenho 4 lindos filhos, e tenho a certeza, do carinho que eles tem por mim, mesmo eu sendo todo errado e tenho consciência disso, são quase, 4 anos de relacionamento e nestes últimos meses, foram de grandes surpresas para mim, onde apareceu detalhes que eu tenho a certeza, que se não fosse a minha mulher, eu não saberia lidar de maneira alguma ou faria tudo errado pra varias.

Então hoje eu posso dizer que com a ajuda dela e dos meus filhos eu sou outro cara, bem mais, bem diferente do que eu era não sei se muito melhor, mas eu tenho a certeza, que eu evolui e esta relação com a minha mulher, e ela com toda a sua sabedoria, tem conseguido domar-me, e posso dizer que e isso que ela faz domar-me. E agora e onde eu vou falar sobre o meu entendimento do O QUE VIM FAZER AQUI?

Daqui para frente, vou falar de mim e colocar os pontos de aprendizado da minha vida, ate aqui, sei que ainda tenho muito para aprender, mas ate aqui ja tive um grande aprendizado estou certo disso.

Nasci numa família de classe media baixa o meu pai o mais fudidos dos irmãos, a minha mãe, ficou doente muito nova, somos por parte de mãe, 3 irmãos.

Eu sou filho único do meu pai, o meu pai um superpai amava a minha mãe loucamente, ate o último dia da sua vida, ela foi-se primeiro que ele. Sinto muita falta dos dois eu trabalho desde muito cedo por que sempre quis ser independente. Tinha sonhos, e como todos nós eu os queria realizar, queria ter carros importados, casa com piscina, barcos, etc. Tinha vontade de ter isso por que era o que eu via dos meus tios, sempre bem sucedidos e o meu velho pai, sempre lutando com dificuldades para dar aunemos o básico para mim, e os meus irmãos.

Com a doença da minha mãe por necessidade mesmo tive que aprender a ser independente me, virar fazer por mim, e isso tornou-me uma pessoa rude comigo mesmo, acho as vezes que meu coração, era de pedra, eu chorar ja mais, sempre fui alegre e brincalhão, mais machista, homofobico e preconseituo, e por aí vai.

Nunca me importei com a vida eu a vivia, e vivi bem tenho certeza disso, posso dizer também que conquistei tudo o que sonhei casa carros barcos motos, etc, etc, etc, mas também aprendi muito com estas, relações que a cima eu coloquei algumas, um pouco mais e outras nem tanto, tenho esta visão hoje, mas na época sei que não era importante para mim, este tipo de coisa, se eu estava ou não aprendendo algo naquele momento e sim eu ia vivendo.

Fodase nunca pensei que em alguma época da minha vida isso iria fazer tanto sentido para mim, se aprendi ou não algo para mim era viver.

Nas relações amorosas só tenho uma que realmente lembro que eu fui muito filho da puta com a pessoa, mas esta não quis nem colocar aqui por que depois e com o tempo fez-me muito mal.

Meu exemplo de homem e de pai de família era o meu pai e hoje vejo que muito eu troce dele para os dias de hoje, e não era assim, mas hoje com 50 anos recém-completados eu paro o penso caralho como eu mudei amadureci hoje faço coisas que jamais faria a uns 10 anos atrás em pro de uma relação da familia de filhos de mim mesmo, mas hoje eu faço, faço por quê? Para tentar ter a mulher da minha vida, ao meu lado para sempre por que hoje realmente esta mulher e importante para mim, então eu chego à conclusão que não que as outras de certa forma não tiveram a sua devida importância, hoje eu vejo que sim tiveram cada qual a sua importancia, na minha jornada e eu na delas, entendem.

AS CORES

Mas a minha mulher hoje, e os meus filhos são o meu motivo, de repensar a vida e a minha maneira de ser, sei que ainda não sou e estou longe de ser perfeito, mas hoje eu consigo enxergar que eu preciso mudar ser diferente, evoluir como pessoa, por que e isso QUE EU VIM FAZER AQUI!!!!

Caralho aprender a evoluir e isso, e este o sentido da vida, e quando eu comecei esta relação à única certeza que eu tinha era que esta mulher, e a que eu quero para o resto da minha vida, e com o tempo eu fui vendo que se eu fosse o mesmo cara, se eu fosse o mesmo filho da puta, não apenas no sentido de mulherengo e sim em todos os sentidos da minha vida, ela não seria a minha ultima mulher nesta jornada, e eu perderia esta mulher que tenho a certeza que a mulher da minha vida, por que foi ele que me fez pensar em ser melhor, fez-me pensar em mudar fez-me pensar em ser diferente do que eu era.

Com isso comecei a repensar toda a minha vida entende, em todas as áreas, e descobri que eu era um, cara merda de mais, e ainda sou só que eu hoje sou um merda, aberto a deixar de ser um merda, mas se eu tivesse enxergado isso há alguns anos a traz, tudo seria diferente não digo em relação à mulher e sim a minha vida em todas as areas trabalho, amizades, etc.,

Então chego a algumas conclusões, dinheiro não e tudo por que tive dinheiro para caralho e não era feliz, hoje estou fudido, e sou muito mais feliz.

Amigos só valem os verdadeiros o resto para que resto, amigo de cachaça, drogas e festas, estes não são amigos todos eles ficaram pelo caminho, e se eu não mudasse acho que eu também ficaria pelo caminho de mim mesmo. E nunca mais me encontraria comigo com quem eu quero ser hoje.

Hoje consigo enxergar fora do meu mundo do mundo, que eu idealizei se não estava bom para mim ok o resto fodase, fodase o outro.

Eu era assim um merda muito ruim, eu tenho a convicção disso, sei que também muito da minha abertura para mudar, vem da minha religião, mas que também não e de agora ja sou espirita há alguns anos, e tinha a dificuldade de abrir-me para mudar, de buscar ser um cara melhor, mas a minha mulher, neste ponto ela e fundamental para mim neste processo, ela faz-me fazer coisas que ja mais eu faria a anos a traz, para manter uma relação, na verdade, com ela antes mesmo de ficar casados de irmos morar juntos, eu ja estava dentro deste processo que eu reconheço hoje.

Mas não fazia ideia que ele iria ser de tamanha proporção em relação a isso em minha vida, quando ela foi passar o resto do carnaval com o ex, era para ela ter Ido se fuder ali e, na verdade, eu abri-me para deixar falar e abrime para ouvir que era o mais importasnte naquele momento, mostrar o que estava sentindo e por que precisou fazer aquilo.

Se fosse antes nem atenderia mais as ligações dela e fodase, então lembra quando eu pedi ela a deus la no lago, foi isso deus colocou ela na minha vida, para eu poder evoluir, ser melhor fazer diferente, todos os dias um pouco.

Hoje para ter uma relação boa com ela, faço coisas que nunca fiz, e não faria nem fudendo, nem que o mundo estivesse acabando, eu ia querer que o mundo acabasse e fodasse eu era assim, mas hoje não, hoje eu enxergo de outra maneira, eu tenho que ceder por que se eu quero estar feliz a pessoa que esta ao meu lado tem que estar feliz também. E não só eu olhar para o meu umbigo e fodasse os outros, e isso não e só em relação a ela não, e em todas as áreas da minha vida sempre fui muito explosivo, falo mesmo quero mais e que, se foda se gosta de mim bem se não gosta amem não tenho papas na língua, saina na porrada, não tinha tempo ruim pra mim não, e era ruim de me segurar na porrada.

Mas não posso ser assim ela mostra-me que tenho que mudar limpar uma casa nem fudendo, eu fazia, quando era casado com a mãe das crianças, nunca varri uma casa kkkk, queria mais que se foda ou ela fazia, ou tinha a empregada para fazer.

Há vida não e assim porque, não ajudar cooperar lavar uma roupa estender tirar da corda, hoje posso dizer que sou um dono de casa kkkkk, bem longe do que ela e, mais da minha maneira eu faço para ajudar, não me custa nada, e isso me dá, a chance de ter ela para o resto da minha vida entende, ouvir estar aberto a ouvir e um processo de evolução fantástico, eu sei que não foi rápido para mim, chegar a onde estou hoje, mas só de dispor-me a fazer, ja e foda e todo o dia e assim levanto-me com a mente aberta a ouvir, o que ela tem para reclamar, ate o dia que ela não vai mais ter do que reclamar por que aí sim! Eu aprendi o que eu tinha para aprende, este e o meu processo do O QUE VIM FAZER AQUI?

Então hoje para poder viver ao lado da mulher que amo, e dos meus filhos, eu preciso mudar-me e não e mudar por mudar e aceitar que eu preciso fazer diferente para que tudo seja diferente, e melhor.

Como ja falei estou bem longe ainda, mais bem mais perto do que antes, isso te garanto, e graças a ela que também de certa forma esta disposta e me ajudar, sei que por ela ja tinha-me dado um pe na bunda bem grande kkkk. , mas se ainda não o fez e, porque ela vê a minha disposição, em ser melhor, reconhece o meu desejo de mudar, um pouco todos os dias.

Ela e mais nova do que eu, mas parece mais velha, ela sabe lidar bem com as coisas modernas da vida de hoje em dia principalmente, em relação a filhos que para mim sempre foi muito difícil lidar com certas coisas ate pelo meu jeito de ser, de formatações de anos atrás na minha cabeça e por viver da minha maneira e achar que era isso e fodasse, então estar com ela e uma lição de vida para mim, todos os dias.

Ela e uma amiga parceira amante mulher mãe etc. ela hoje me direciona para ser um cara melhor por que olhar para trás e ver como eu era, hoje me assusta.

Em relação aos filhos e enteados ainda tenho uma certa dificuldade de lidar com algumas, situação de conversar mais aberto sobre algumas coisas ou lidar com certas situações com tranquilidade, claro que os meus filhos os 4 tem problemas como qualquer criança ou adolescentes, filhos de pais separados a minha separação foi muito ruim, principalmente para a minha filha, eu culpo-me um pouco de certas coisas em relação a ela, com o mais velho e mais fácil de lidar, mas também mais difícil.

De certa forma ainda estou aprendendo, a lidar com ele, quebrar algumas, barreira para ele e para mim.

O João e a minha cópia então às vezes têm que chamar na rédea se não desanda e ai e foda so não sei se ele tem a mesma disposição na porra que eu, mas às vezes ele quer crescer pra cima de mim, mas diz o ditado quem tem cu tem medo ai ele rapidinho coloca o galho dentro mais e o meu parceiro de vida meu melhor amigo.

O mais novo a mesma coisa ja irritou-me de mais, mas não só a mim ele irrita a mãe dele, por que ele tem o tempo dele tudo no tempo dele e eu hoje ja aprendi a lidar com isso então a relação e tranquila com ele, estes quase 4 anos de relação para mim, é com certeza os anos que mais aprendi não vou dizer que sou um merda por completo por que tenho o meu outro lado tirando as relações homem e mulher.

O BEM CONTRA O MAL

A com os filhos, esta desde muito cedo aprendi a lidar de uma forma melhor, o meu pior lado, acho que e este mesmo que estou falando aqui por que de outro lado sempre fui muito de ajudar as pessoas, não para me gabar, mas sim para fazer o bem mesmo, acho que se cada um fizer um pouco pelo próximo fica tudo mais fácil.

O meu lado filho acho que este sim, inhdepende de qualquer coisa foi o meu melhor lado ate aqui nesta vida. Cuidei zelei pelos meus velhos, ate o fim da vida deles com todo o amor e carinho, principalmente da minha velha, vivi a vida dela intensamente ate o seu último dia. eu sofri horrores por que sempre me culpei por ter a deixa partir, Achei que deveria ter feito mais e mais.

O meu lado amigo sempre fui um bom amigo, às vezes ate um idiota, fazia tudo por todos ate um dia que aprendi que nem todos fariam o mesmo por mim, na verdade, não que eu esperasse isso, mas claro que tem certas situação que você espera ao menos reciprocidade das pessoas, e isso dececionou-me de mais.

Irmão tenho certeza que de certa forma e na medida do possível dei a eles o que me era possível dentro do que recebi deles, não ate em relação a mim, e sim a minha mãe então acho que ficamos nesta vida ate aqui no zero a zero, em relação a eles, cada um vive a sua vida, e ta dê bom tamanho.

Eu acredito muito na caridade na gratidão em relação ao próximo acredito em Deus que sempre foi e sempre será muito presente na minha vida, E graças a ele que ainda estou vivo e podendo estar aqui escrevendo, este livro para vocês. Porque as merdas que ja fiz nesta vida, são incontáveis, mas por ele, fui perdoado e sou ate hoje, a cada dia me dando a chance de ainda estar aqui e podendo ainda evoluir e ser um cara ainda melhor, nesta minha passagem por aqui desta vez.

Sei que não e a primeira e nem será a última vez que eu aqui estou fui muito falho nesta vida.

Claro que hoje busco melhorar ainda mais, mas tem os anos para trás que estes não tem volta, só na próxima encarnação, para poder tentar fazer diferente sei que algumas pessoas que passaram nesta minha vida atual foram resgates, falei sobre isso a cima, e tenho certeza que zeramos e não nos veremos na próxima, algumas sei que na próxima estaremos juntos de alguma forma para fazer diferente do que fizemos nesta passagem por aqui.

O PENSAMENTO

Na verdade onde era para termos acertado, mas que de alguma forma ainda continuamos errando.

Nesta vida tem coisas que ainda não achei as explicações, que procuro mais em quanto eu estiver aqui vou tentar buscar todos os dias as explicações, sei que usei o meu corpo de forma errada, tenho consciência disso, droguei-me de mais, usei o meu corpo e o corpo de outras pessoas como objeto sendo que o nosso corpo e o nosso templo sagrado, algo que Deus nos deu para cuidarmos, e não o fiz assim.

Eu ainda hoje fumo, eu era muito mais gordo, nunca me preocupei com saúde e hoje os meus pensamentos mudaram, cuido-me mais, mas, na verdade, sei que eu nesta vida mesmo que inconsciente eu vim para tentar-me suicidar e era meio este o caminho que busquei ao longo da vida, não, a de vou matar-me mais as merda que fiz com o meu templo, me dado por Deus era isso que eu estava tentando fazer.

AIDS não tive por que Deus não quis não morri de overdose por que ele também não quis, mas será mesmo que você acha que isso não me terá um custo quando eu me desencarnar, e claro que terá não sei qual, estou ainda tentando diminuir estes custos, se e

que ainda dará tempo, mas o que hoje e mais
importante para mim e saber que eu estou tentando, e
muito mais frustrante e saber que eu poderia ter tentado
fazer tudo diferente antes, uma pena que não fiz, mas
estou fazendo mesmo que tardiamente.

O FAROL

Mas estou, ainda nesta vida e o que espero daqui
para frente, e poder ser melhor para mim como pessoa
e para as pessoas que estão ao meu lado, poder fazer
tudo diferente, e fazer a diferença, na vida deles,

principalmente na dos meus filhos, tentar mostrar a eles que vale a pena, tentar ser diferente, desde cedo porque a jornada aqui nesta vida fica mais leve mais tranquila e acima de tudo mais feliz, com as pessoas que nos amamos ao nosso lado.

Entao hoje eu posso dizer que sem muito, sou muito mais feliz do que com muito, sermos seletivos nas nossas escolhas e sermos certeiros nos nossos caminhos na nossa jornada aqui nesta vida.

Eu tenho muito que agradecer a Deus e assim o faço todos os dias, e como chamo a minha mulher Juliana o meu presente de deus por que e isso que ela se tornou para mim, um presente para mim no final desta caminhada nesta jornada me dando novos sentidos, na vida novas direções, me mostrando novos caminhos, caminhos mais leves não com menos fardos não, mas com os mesmos fardos só que os levando com mais leveza, gentileza, carinho e respeito com o próximo.

Isso também foi uma Coisa que aprendi muito com ela o respeito ao próximo principalmente com os filhos coisas que para mim era bem difícil e hoje aprendi a lidar graças às lições e ensinamentos dela para comigo ela me ensina muito todos os dias cada dia um pouco, e espero estar ao lado dela, ate o último dia da minha jornada nesta vida, porque a única certeza que tenho hoje e que eu a amo de mais. E sou muito grato a ela por aturar-me e ter a paciência, de ensinar-me, e o mais importante disso e ter a paciência de esperar eu aprender por que ensinar algo a uma criança e fácil agora ensinar algo a um homem velho e bem difícil tenho certeza disso.

O EMBARAÇO

Então para começarmos a finalizar:

143

O QUE VIM FAZER AQUI?

Eu fico pensando no verdadeiro sentido do que e viver será que e basicamente isso nascemos crianças, viramos adolescentes, estudamos, depois vem o trabalho, namoramos, casamos temos filhos, às vezes sonhos, e dai vivemos esperando para morrer.

Será que isso e realmente o resultado do que esperamos estar fazendo nesta vida, eu não acredito nisso isso para mim e um fato, mas, no fundo, parece que para várias pessoas este será o seu ciclo de vida, mas até aí tudo bem, até entendo, porque existem etapas que realmente não se tem como mudar, tipo as principais, isso e bem claro, não da para mudar o nascer e morre ate por que eu acredito que ja descemos para esta vida com a hora da chegada e também com a hora da partida e o resto do tempo e o lucro, e como nos usamos este lucro que a vida nos da todos os dias ja pensaram sobre isso, será que nos, os multiplicamos, com as coisas que preenchem a nossa alma.

Na real esta e a minha questão comigo mesmo, do O QUE VIM FAZER AQUI?

Eu acho que simplesmente eu poderia ter dado mais atenção nestes anos todos que se passaram da minha vida ate aqui, ate eu de fato entender o que eu vim buscar aqui, antes eu busquei as tantas coisas sem valor algum, coisas tão fúteis tão banais, e tornando-as mais importantes, do que aquilo, que faz realmente sentidos e que realmente nos fazem bem.

Hoje digo-te fico observando as pessoas durante o dia na correria do dia a dia, nas suas atribuições diárias parecem-me sem expectativas Sei lá é como se todos estivessem aqui apenas para pensar no futuro, mas ate quando será o nosso futuro isso nos não sabemos.

E o que vamos deixar de legado aqui apenas a busca das coisas fúteis com o objetivo de ter coisas materiais os famosos bens, e as coisas que realmente importa como evoluir cuidar e amar o ao próximo, isso hoje não tem valor.

O PEIXE

Não posso acreditar nisso e hoje não acredito mais. É tudo tão superficial, como se as pessoas não tivessem este objetivo de evoluir buscar ser melhor. Vivem apenas para seguir sempre o mesmo objetivo correr atraz dos sonhos que e o que todos fazem e achamos que estar certo.

Os sonhos têm a sua importância estão sempre ligados no futuro nos dá, a Energia que necessitamos para lutarmos por nossos objetivos, bom isso eu concordo e não poderia ser diferente por que isso eu fiz, e consegui os meus realizar, mas será que para eu ter os conseguidos eu precisava machucar as pessoas passar por cima de sentimentos de tantas pessoas para consegui-los.

PEIXE 2

Precisava ter que fechar os meus olhos e não reparar nas pessoas que estavam ao meu redor. Ai penso... Isso realmente foi viver ou o que eu faço hoje e que e vive? A vida é cada momento... Será que aproveitamos estes momentos da melhor maneira ou deixamos todos os momentos e pessoas do nosso presente passem despercebidas, porque estamos com os olhos fixados apenas no objetivo, mas não sabemos se estaremos vivos daqui há 5 min quanto mais daqui há 5, 10 ou 15 anos.

O futuro pode estar se acabando aqui agora. E neste exato momento chegar o fim. Sendo assim como podemos viver idealizando a nossa felicidade em algo que não nos pertence? O futuro, não e estranhos tudo isso. Eu Vejo como se a maioria das pessoas inclusive eu mesmo, por muitos anos não temos, nem noção do que estamos fazendo aqui.

A minha ideia de futuro passou a ser a de evitar fazer coisas na vida nas quais não poderei mais me arrepender e ser perdoado. Porque o futuro de todos nos será exatamente o mesmo nosso momento final? E este ponto final é algo individual.

Tenho a sensação que ninguém pensa nisso... Entretanto, é difícil mesmo, até eu pensando nisso agora, há momentos que esqueço e vivo as ilusões do futuro como todos.

É uma coisa digamos que automático de nos seres humanos. Mas, porque não vivemos cada momento, como se fosse o último Não digo de viver inconsequentemente como eu fiz por anos, mas aproveitar mais o nosso presente e tirar dele as lições para se tornar uma pessoa melhor a cada amanhecer, de repente fazer aquilo que gostamos aquilo que nos faz sentir bem hoje, mas pensando em crescer evoluir pensando em ser e não em ter, fugir desse modelo de vida que a sociedade nos impõe, seja talvez a oportunidade de realizar-se em todos sentidos, mesmo que sejam coisas fora do comum por que realmente para a maioria evoluir como pessoa não seja um objetivo de vida não e mesmo.

Hoje para mim na minha ideia o importante é sentir-me feliz com as coisas simples da vida como tentar ser apenas melhor. Só isso! Mesmo que aparentemente, seja uma atitude idiota aos olhos do mundo. O amor é o nosso verdadeiro destino. Não encontraremos o sentido da vida, sozinhos, e sim com o cuidado e amor com as pessoas ao nosso redor.

Não descobrimos o segredo da vida sozinho em meditações isoladas. O sentido da nossa vida é um segredo que nos será revelado no amor, por aqueles que amamos realmente. E, se esse amor não for real, o segredo não será encontrado, o sentido jamais se revelará a mensagem jamais será capitada por nos.

Receberemos uma mensagem embaralhada e parcial do verdadeiro sentido da vida, que nos enganará e nos confundirá por anos.

Só seremos plenamente reais quando nos permitir-nos amar as pessoas humanas e Deus. Este e o maior segredo e sentido da vida.

A importância da sua evolução pessoal.

Quando perdemos o medo de mudar e decidimos nos aventurar rumo ao desconhecido, começamos a enxergar as coisas de maneira diferente, digamos que sobre outra perspetiva. Isso é parte do nosso processo interno de evolução.

Eu acredito que essa seja a grande sacada da nossa evolução pessoal, entender que não estamos ou ate chegamos onde queremos, e transformar isso. Porém, apesar de esse ser talvez o início, o começo deste processo se faz muito antes e também englobam vários outros fatores.

No meu caso ela começou alguns anos atrás mesmo que tardiamente, com uma coisa simples, eu percebi que se eu era imperfeito eu precisava tentar ao menos ser melhor mesmo que tardiamente.

$\mathbf{M}$as bem, este não é o foco, porém como eu disse, foi quando eu percebi haver a necessidade de uma evolução, de tentar ser melhor que aquilo e eu já me havia tornado, afinal se eu queria que as coisas melhorassem eu tinha que começar por mim, melhorar a mim para que as coisas ao meu redor também melhorassem.

$\mathbf{D}$aquele momento em diante, vi que ser bom, ter empatias pelas pessoas, pensar e agir diferente era muito mais gratificante que tentar ser o bom e velho grosseirão, cavalo e por aí vai que eu era, sei que ainda estou muito longe de ser melhor, mais ao menos eu já comecei o meu processo a caminho da minha evolução.

$\mathbf{E}$ntão melhorando uma coisa de cada vez, pensando e repensando atitudes, eu estou seguindo, pouco a pouco em busca de uma melhora significativa. Deixando vícios e atitudes que não eram mais necessários para trás. Reprogramando as minhas necessidades e tentando entender o que eu queria de fato para mim do futuro.

Mas claro que essa minha evolução não vai servir para todo o mundo, muitas pessoas já crescem com essa perceção, que eu tive que buscar após alguns, exame de consciência nestes últimos anos.

Pergunto a você, o que é evolução para você? Você já parou para pensar nisso Podem existir diversos tipos de perceção sobre o assunto, acho que cada pessoa quando sente a necessidade, sabe onde precisa evoluir. E após começar, todas as outras necessidades de crescimento começam a surgir.

Essa evolução busca acabar com preconceitos, melhorar o nosso caráter, adquirir conhecimento sobre empatia e começar a praticá-la, quebrar alguns tabus da nossa atual maneira de viver, dentre outras coisas.

A única evolução na qual eu posso falar aqui seria da minha. Mas acompanhei algumas outras de perto, e notei algo como semelhança, apesar de ser a mesma, necessidades de crescimento tinha algumas diferenças entre elas, mas elas se assemelhavam em muita coisa.

A evolução ela é um caminho sem volta, para as nossas vidas, na minha opinião, porque não nos deixa acomodar em uma mesma situação por muito tempo. Mesmo que, seja somente remoendo dentro das nossas cabeças.

O que hoje talvez seja uma verdade, amanhã pode não ser mais. Uma vontade do passado pode deixar de fazer parte dos seus anseios no futuro, apenas por não fazer mais sentido no seu presente.

Devido a novas ambições. Num modo geral acredito que simplesmente o enriquecimento e o aperfeiço-amento pessoal de cada individo, acabam nos tornando melhores. Independentemente de onde precisarmos aplicar esse aperfeiçoamento.

Hoje em dia, você só cresce de verdade quando todos os seus lados estão totalmente alinhados com o seu lado pessoal, não são duas coisas diferentes uma da outra. Então quando você busca melhorar como pessoa, advinha quem está ganhando com isso também? Sim, a sua vida por um todo inclusive a profissional, tenho certeza que quando você começa a evoluir, ela vai melhorar muito. Mesmo que, para isso você precise se reinventar totalmente.

Você deve estar pensando agora que isso no mínimo faz sentido, se isso tudo é realmente importante e parece mais do que óbvio, mas vou fazer-te uma pergunta, se realmente é tão óbvio assim, porque existem pessoas que ainda não dão a mínima para isso?

Talvez essas que não se importem com nada disso, nem estejam interessados em ler sobre o que venho falar aqui neste livro, mas tenho um pensamento sobre:

Quando as pessoas começam a evoluir, isso acaba virando um tipo contagio que vai contagiando os que estão ao seu redor. Se você consegue mostrar isso a uma pessoa que seja a sua evolução e ela passar isso para mais uma, já é valido demais.

Às vezes simplesmente não temos noção do bem que evoluir nos faz. Não paramos para pensar o quanto a evolução e importante e deve ser uma constante na história da humanidade, e se num geral fez tão bem para tudo e para todos, porque não tentar uma dentro de nós mesmos, essa e a verdade.

Toda essa coisa de evoluir talvez possa ser realmente complicado, afinal, temos que redefinir prioridades, entender que algumas das nossas atitudes não eram coerentes e corretas, e essa parte de você admitir que está errado pode vir com uma certa resistência para tomar o primeiro passo e a atitude necessária para isso.

Mas eu tenho para mim que quando começamos a enxergar o quão bem isso nos faz, quando entendemos esse bem, ela passa a ser necessária em todos os sentidos da nossa vida. E aí é que vem o modo automático citado lá em cima, se torna uma leal companheira que vai ajudar a nos tornamos pessoas melhores até o último dos nossos dias.

A resposta do O QUE VIM FAZER AQUI!! Na sua verdadeira excencia para mim, E:

A vida não faz sentido pelo tempo que viveremos aqui na terra, muito menos pelo que lutamos para ter e sim vai fazer sentido pelo que lutaremos para ser. A vida começa a fazer sentido, quando tocamos a vida de outros e os fazemos sorrir de alegria. Ela faz sentido quando tocamos o coração de alguém e o deixamos com o mais lindo que temos na nossa alma. Ela faz sentido, quando cumpro com o meu propósito de ajudar o outro a descobrir o seu.

Fim

O IMPONENTE